에너지아틀라스

유럽의 재생에너지에 대한 데이터와 사실들

한국어판
2022

벼리

02 **발행정보**

06 **여는 글**

08 **12개의 짧은 지식**
재생에너지에 대해

10 **역사**
통합의 동력
유럽은 에너지 문제와 함께 성장했다. 재생에너지는 지속가능한 기후정책과 기술 도입을 이끌고, 안정된 에너지 공급을 가능하게 할 것이다.

12 **미래**
내일의 승자
국제 경쟁에서 녹색 에너지와 기술은 새로운 경제 영역을 만들었다. 누군가 이 분야를 주도하거나 이 분야에 참여한다면 수출 기회, 일자리, 가격 하락 같은 이익을 얻을 수 있다. 민주주의와 사회 정의는 에너지 전환이 성공하기 위한 요소다.

14 **경제**
주변에서 중심으로
재생에너지 경쟁력은 점점 높아지고 있다 재생에너지는 성장과 일자리를 약속한다. 하지만 에너지 정책에 대한 인식 전환이 아직 충분하지 않다. 재원은 부족하지 않다.

16 **시민 에너지**
작은 물방울이 전기가 된다
당신만의 에너지 체계를 가져라! 시민들이 직접 투자하거나 공동 소유해 에너지 전환에 적극 참여한다. 이것은 시작일 뿐이다.

18 **도시**
도시의 행동
도시는 혁신을 위한 실험실이 될 수 있다. 대규모 아이디어를 실험하기에 충분히 크지만, 잘 작동하지 않는다면 아무 영향을 미치지 못할 만큼 작기도 하다. 도시의 좋은 프로젝트는 국가 차원으로 발전될 수 있다.

20 **에너지 빈곤**
추위와 어둠 속에서
많은 유럽 사람들이 따뜻한 집에 살지 못하거나 전기 요금을 내는 데 어려움을 겪는다. 에너지 전환이 사회·정치적인 방향으로 나간다면 에너지 비용을 줄이고 주민 소득을 늘리는 데 도움이 될 수 있다.

22 **부문 결합**
에너지 전환에서 가장 중요한 것
현재 냉난방과 수송은 많은 양의 화석 연료를 소비하고 있다. 이 분야를 발전과 결합하면 태양과 풍력 에너지 생산의 변동성 문제를 해결할 수 있다.

24 **전기에너지**
유연성 없이는 아무것도 없다
재생에너지 전환은 땅을 태양 전지로 덮거나 풍력 터빈을 세우는 것이 전부가 아니다. 전력망은 전력시장에서 수요와 공급의 균형을 위해 조심스럽게 관리해야 한다. 쉬운 일은 아니다.

26 **이동 수단**
변화하는 도시의 미래
끝없는 차량 정체는 깨끗하고 효율성 있는 수송 체계가 얼마나 필요한지를 보여준다. 합리적인 교통 정책을 개발하려면 검증된 접근법과 신기술을 결합해야 한다.

28 **냉난방**
새로운 온도계
유럽 날씨는 대개 너무 춥거나 너무 덥다. 난방과 냉방은 많은 에너지가 든다. 새로운 기술과 더 나은 정치적 전략은 에너지 효율을 높이고 온실가스 배출 비용을 낮출 수 있다.

30 **효율**
적은 것으로 더 많이
외풍이 있고 단열이 형편없는 건물, 노후 설비와 가전제품, 에너지가 너무 많이 드는 자동차, 빛보다 열이 더 많이 발생하는 전등. 우리는 너무 많은 에너지를 소비한다. 이제는 변해야만 한다.

32 디지털화

개척자를 위한 땅

어떻게 수백만 개 태양광 패널과 풍력 발전 터빈의 수요와 공급을 조절하고 믿을 만한 에너지 체계에 통합시킬 수 있을까? '스마트'한 기술이 해답이다.

34 유럽연합

패기가 부족하다

유럽연합보다 에너지 전환을 위해 큰 역할을 하는 기관은 없다. 하지만 유럽연합 계획은 충분히 대담하지 못하다. 성과들은 흩어져 있고, 개혁은 너무 많은 적에 둘러싸여 있다.

36 폴란드

재생가능한 석탄보조금

유연탄과 갈탄은 오랫동안 환경을 파괴해온 에너지원으로 폴란드인에게 부담을 주고 있다. 풍력 발전을 확대하면 유연탄과 갈탄이 일으키는 문제를 개선할 수 있다.

38 체코

추는 어디에서 흔들리는가

체코 정부는 아직 에너지 부문을 지속가능한 방향으로 개편할 생각이 없다. 게다가 과거 정부는 재생가능한 에너지의 이미지를 실추시켰다.

40 그리스

모든 것이 더 빨리 진행될 수도 있었다

야심찬 국가 에너지 계획과 재생에너지의 가격 하락은 재생에너지가 그리스의 전력에서 차지하는 몫을 높이고 있다. 하지만 경제위기와 비싼 자본 비용이 되레 이를 후퇴하도록 만들고 있다.

42 스페인

풍부한 햇빛, 부족한 정책

햇볕 좋고 바람 많이 부는 스페인은 태양광과 풍력 발전에 매우 적합하다. 초기 재생에너지 투자가 몰려든 뒤로 스페인 정부의 에너지 정책은 결함을 드러냈고 투자에 강력한 제동을 걸었다. 이 규제가 완화될 것이라는 신호들이 있다.

44 프랑스

거대한 계획, 거대한 진전

프랑스 에너지 체계를 지배하는 핵발전은 끝나야만 한다. 만약 이 문제를 정치 영역에서 합의한다면 프랑스는 그 어떤 나라보다 전력 체계의 큰 변화를 만들 수 있을 것이다.

46 독일

모범이 아니다

독일의 에너지 전환은 주로 전력 부문에 영향을 미친다. 난방과 수송 부문은 여전히 초기 단계에 있다. 가장 큰 문제는 석탄 발전이다.

48 이웃 국가들

불확실성의 체감

유럽연합이 석유, 가스, 석탄을 수입하는 많은 나라들은 민주주의 국가가 아니며 정치 상황이 불안정하다. 에너지 전환은 이러한 수입 구조를 끝낼 수 있지만, 유럽연합은 현 상황을 유지하고 싶어 한다.

50 한국

에너지 전환, 절반의 시작

세계 온실가스 누적 배출량 순위 17위인 한국은 에너지 분야에서 가장 많은 온실가스를 배출한다. 화석연료와 핵발전 중심에서 시민참여형 재생에너지 확대로 에너지 전환 정책이 시작됐지만, 새 정부는 지속 가능한 탄소중립 사회를 향한 앞선 정책에서 뒷걸음치고 있다.

52 글쓴이, 데이터, 표 그래픽 출처

53 협력 단체 소개

여는 글

유럽의 에너지 전환 역사는 그리 오래되지 않았습니다. 젊고 미래가 있습니다. 지금껏 에너지 공급은 거대한 몇몇 에너지 기업이 지배해 왔습니다. 기후 보호 목표를 진심으로 달성하기 원한다면, 미래는 다르게 보일 것이며, 다르게 보여야 합니다. 공정한 미래 모습은 지금 우리 현실과 연결돼 있습니다. 이를 위해 시민과 지방자치단체와 도시는 스스로 에너지 전환을 받아들이고 민주적으로 발전시켜야 합니다. 탈탄소화, 분산화와 디지털화는 당장 다뤄야 할 도전 과제입니다.

《에너지아틀라스》는 유럽 여러 나라의 발전 상황을 보여주며, 독일과 이웃 유럽 국가들이 앞으로 의제 설정을 위한 중요한 나침반 역할을 할 것입니다.

유럽은 이미 에너지 전환을 시작했고 그 출발은 나쁘지 않습니다. 재생에너지 비율은 2005년에서 2015년 사이 71퍼센트가 늘었습니다. 이미 화석연료보다 재생에너지에 더 많은 투자를 하고 있습니다. 특히 지자체와 도시, 시민들이 대부분 지역에서 이러한 흐름을 이끌어가고 있습니다. 그들이 에너지 전환이 가져올 경제 잠재력을 깨달았기 때문입니다. 하지만 유럽연합 회원국마다 에너지 전환 정도는 다릅니다. 독일의 에너지 전환 역시 유럽 이웃 국가의 에너지 체계를 고려하지 않은 국가 계획이었습니다. 지금까지 확인된 사실은 독일 방식은 유럽에서만 성공했다는 것입니다.

> 유럽은 이미 에너지 전환을 시작했고 그 출발 상황은 나쁘지 않습니다. 재생에너지 비율은 2005년에서 2015년 사이 71퍼센트 늘었습니다.

《에너지아틀라스》는 유럽연합 회원국들이 2030년을 위한 에너지와 기후 전략(청정에너지 통합법)에 관한 협상 시점을 고려해 발행했습니다. 이 목표와 규제들은 앞으로 에너지와 기후 정책 10년을 결정하게 될 것입니다. 이는 우리가 기후변화에 어떻게 대처할 수 있는지, 어떻게 지구의 기온 상승을 2도 아래로 묶어둘 수 있는지를 결정하게 됩니다.

하지만 현재 유럽에서 진행되는 협상 내용은 충분할까요? 에너지 전환을 발전시키는 데 중요한 신호를 보내고는 있지만, 만족할 만큼 에너지 효율과 재생에너지 잠재력에 부응하지 못하고 있습니다. 에너지 소비에서 재생에너지가 차지하는 비율을 27퍼센트로 높이겠다는 목표는 충분하지 않습니다. 지난 몇 년 동안 이룬 진전을 오히려 위태롭게 할 수 있습니다.

에너지 전환의 다음 주요 도전 과제는 열과 수송 분야입니다. 지금까지는 제한된 범위에서만 전환이 이뤄졌습니다. 전환에 참여하도록 이끌 동기가 부족합니다. 이것은 바뀌어야 합니다. 수송 부문을 전기로 바꾸는 첫 단계는 이미 진행했고, 이제는 저장과 배터리 기술의 급속한 발전과 비용을 절감해 속도를 낼 차례입니다.

부문 결합은 독일에도 주요 도전 과제입니다. 독일의 부문 결합도 마찬가지로 유럽의 에너지 전환을 통해 더 지속가능하게 만들 수 있습니다. 전기, 열, 교통 같이 지금까지 독립해서 존재했던 에너지 분야를 함께 활용하면 100퍼센트 재생에너지의 길을 열 수 있습니다. 이를 위한 기술은 이미 있습니다. 유럽의 부문 결합은 재생에너지 문제, 태양광과 풍력 발전이 전기를 지속해서 공급하지 못하는 문제를 해결할 것입니다. 열과 수송 부문이 재생에너지 전기의 유연한 사용과 저장을 위한 다양한 가능성을 제공하기 때문입니다. 핵, 석탄과 가스의 예비 전력 설비가 필요 없는 날이 머잖아 올 것입니다.

분산되고 민주적이며 서로 연결된 에너지 전환의 이점은 분명합니다. 에너지 전환으로 공기의 질은 더욱 좋아지고 지역 일자리는 늘어나고 건물 단열은 더 나아질 것입니다. 그 결과 더 많은 돈이 지역 경제로 흘러 들어갈 것입니다.

≪에너지아틀라스≫는 다음 같은 대안을 제시합니다. 우리는 에너지 전환을 소수 에너지 대기업 손에 맡길 수 없습니다. 우리는 미래세대를 위해 지속가능하고 인간다운 삶을 위해 노력해야 합니다. 그래서 기후 보호를 위한

> 유럽연합의 에너지 전환을 위한 목표는 충분하지 않고 지난 몇 년 동안 이룬 진전을 위태롭게 할 수 있습니다.

결정을 명확하게 내릴 수 있도록 여러 공론장에 참여해 힘을 보태고자 합니다.

엘렌 위버셰어 박사(Dr. Ellen Ueberschär)
하인리히 뵐 재단(Heinrich-Böll-Stiftung)

되르테 푸케 박사(Dr. Dörte Fouquet)
유럽재생에너지연합(European Renewable Energies Federation)

수잔네 리거(Susanne Rieger), 루실 슈미트(Lucile Schmid)
녹색유럽재단(Green European Foundation)

바바라 바우어(Barbara Bauer)
르몽드 디플로마티크(Le Monde diplomatique), 독일판

12개의 짧은 지식
재생에너지에 대해

① 에너지가 유럽의 협력 작업을 이끈 사례는 많다. 하지만 이 시대 유럽 정치는 협력하지 않고, 파리기후변화협약을 충족시키기에 충분하지 않다. 2050년부터 유럽은 **화석연료 없이** 살아야만 한다.

② 100퍼센트 재생에너지만 쓰는 에너지 체계는 지금도 가능하다. 수요와 공급에 빠르게 대응할 수 있는 **저장과 생산 기술**이 가장 중요하다.

③ 에너지 시장과 전력망이 잘 연결될수록 모두를 위한 **에너지 전환 비용**은 내려간다.

④ **에너지 효율성**은 오늘날에도 유용하며 가장 큰 잠재력이다. 효율성을 높이면 2050년까지 전력 소비를 절반으로 줄일 수 있다.

⑤ 100퍼센트 재생에너지로 전환하려면 **에너지 체계를 바꿔야 한다**. 중앙 집중 에너지 대기업이 아니라 지역사회로 분산된 전력 생산이 필요하다.

⑥ 에너지 체계를 바꾸는 일은 영리한 계획과 안정된 법체계로 진행해야 한다. 이를 통해 **시민**, 지역공동체, 에너지 협동조합은 전환에 속도를 낼 수 있고, 또한 **지역의 부도** 늘어날 것이다.

7 **디지털화**는 소비자를 위해 에너지 전환을 더 민주적이고, 더 효율 있고, 더 저렴하게 만들 것이다.

8 에너지 전환은 경제 이익을 가져올 것이다. **지역에 더 많은 일자리를** 만들고, 세계 **녹색 혁신을 이끄는 역할**을 할 수 있다.

9 재생에너지는 **화석연료 수입에 쓰는 돈을 줄일 것**이다. 비민주적이고 불안정한 정부에 대한 에너지 의존도 줄일 수 있다.

10 에너지 전환은 **사회 정의**에 맞아야 한다. 유럽 전역 재생에너지 분야 일자리는 석탄 산업보다 **더 나은 급여**를 주고, **안정**되기 때문에 그것이 가능하다.

11 지역 에너지 생산을 위한 공동체 프로젝트는 **에너지 빈곤과 싸우는 데 도움**이 될 것이다.

12 유럽 인접 국가 정책*은 다른 국가 경제의 **탈탄소화**를 자극해야 한다. 마찬가지로 사회 정의에 걸맞는 에너지 전환은 인접 **지역의 발전과 안정성**도 살펴야 한다.

* 유럽 인접 국가 정책(ENP)은 유럽연합 주위 나라들을 설득하고 우호 관계를 맺기 위한 유럽연합 외교 정책이다.

역사
통합의 동력

유럽은 에너지 문제와 함께 성장했다. 재생에너지는 지속가능한 기후정책과 기술 도입을 이끌고, 안정된 에너지 공급을 가능하게 할 것이다.

에너지는 유럽연합 역사에서 언제나 중요한 역할을 해왔다. 1951년 창설한 '유럽석탄철강공동체(European Coal and Steel Community)'는 첫 번째 초국가 기구다. 1957년 유럽핵발전공동체(Euratom) 협약은 핵연료를 매개로 유럽의 통합을 촉진했다. 같은 시기 로마협정을 통해 '유럽경제공동체(European Economic Community)'가 탄생했다. 이는 에너지 협력의 경제 기초를 놓았다. 유럽연합경제공동체는 오늘날 유럽연합(European Union)의 전신이다.

안정된 에너지 공급은 지난 시대를 지배했던 목표다. 하지만 보호무역 조치들이 계속해서 국가들의 에너지 시장을 고립시켰다. 1973년 석유파동에 자극받은 유럽연합경제공동체 회원국 정부들은 에너지 공급 과정에서 부딪치는 어려움에 함께 대응하기 시작했다. 하지만 초국가 에너지 거래의 장애물을 극복하기 위한 진정한 의미의 첫 번째 시도는 1992년 '단일유럽의정서(Single European Act)'부터다.

나라마다 국내 시장에서 전력 생산과 전송을 독점하는 상황은 에너지 거래의 커다란 걸림돌이었다. 독점은 제3자의 전력망 이용을 막기 때문이다. 따라서 유럽연합은 1996년과 2003년 첫 번째 전력 표준을 통과시켰다. 이는 전기 공급자의 자유로운 선택과 전력시장에서 자유로운 경쟁을 보장했다. 이와 비슷한 가스 표준이 1998년과 2003년 추가됐다.

2009년 세번째 유럽연합 에너지법 체계는 몇몇 에너지 공급 대기업의 지배구조를 해체하겠다는 목표를 세웠다. 에너지 대기업들은 그동안 에너지 생산뿐 아니라 공급도 책임지고 있었기 때문에 경쟁업체들이 소비자들에게 접근하는 것을 막을 수 있었다.

2009년 발효된 리스본협약은 에너지 정책의 목표를 포괄하는 내용을 처음으로 담았다. 시장의 기능뿐 아니라 안정된 에너지 공급을 보장하고, 에너지 효율을 높이고 절약할 것과 새로운 에너지와 재생에너지로 전환할 것을 촉구했다. 최종 목표는 나라마다 가진 전력망들을 서로 연결하는 것이다.

지난 10년 동안 기후위기는 유럽연합 정책에 꾸준히 큰 영향을 미쳤다. 1997년 교토의정서에서 유럽 공동체는 2012년까지 온실가스 배출을 1990년과 비교해 8퍼센트를 줄이기로 약속했다. 2007년 결의된 기후에너지통합법은 2020년까지 구속력 있는 지속가능한 목표를 담고 있다. 온실가스 배출량은 20퍼센트 줄여야 하고, 에너지 소비량은 20퍼센트를 재생에너지로 대체해야 한다. 에너지 효율성도 20퍼센트까지 늘려야 한다.

유럽연합의 목표가 지나치게 야심 찬 것은 아니다. 에너지 전환을 이루려면 합의와 용기, 창조성이 필요하다.

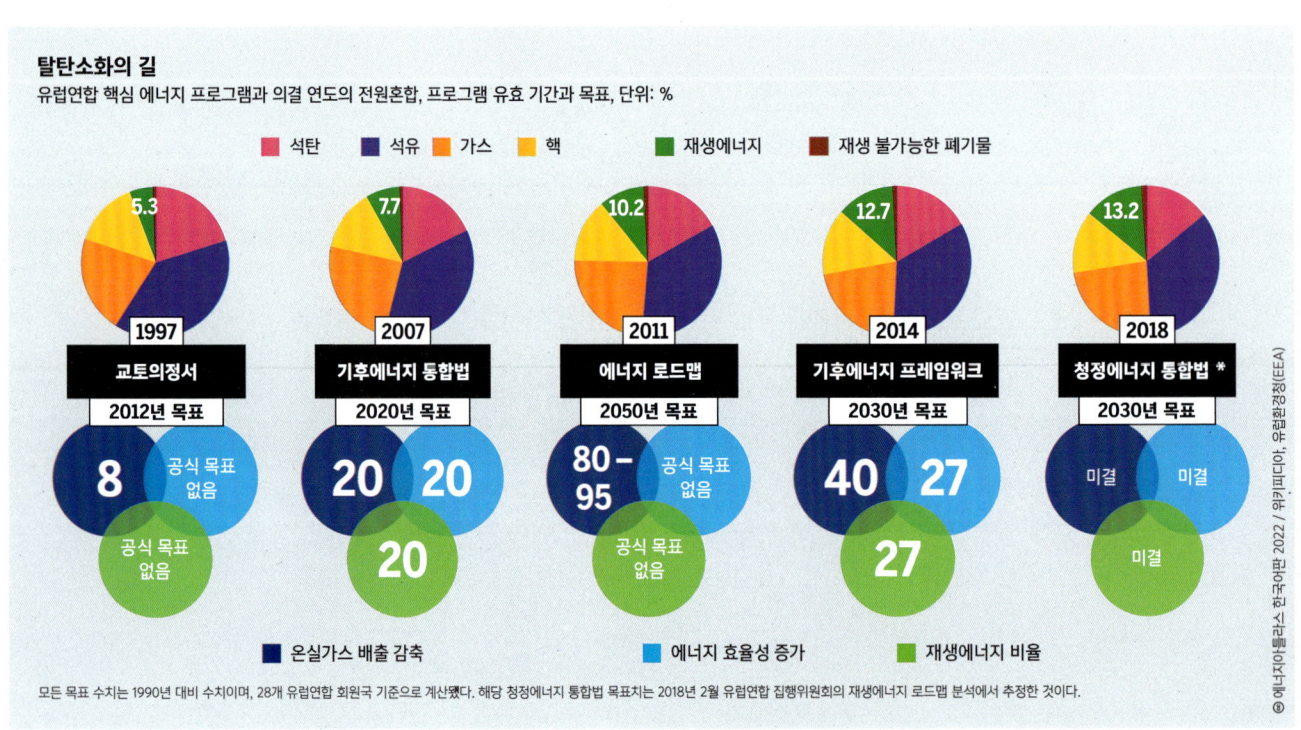

탈탄소화의 길
유럽연합 핵심 에너지 프로그램과 의결 연도의 전원혼합, 프로그램 유효 기간과 목표, 단위: %

모든 목표 수치는 1990년 대비 수치이며, 28개 유럽연합 회원국 기준으로 계산됐다. 해당 청정에너지 통합법 목표치는 2018년 2월 유럽연합 집행위원회의 재생에너지 로드맵 분석에서 추정한 것이다.

화석연료와 핵연료는 여전히 유럽연합의 외교 정책과 산업 정체성을 규정한다.

2014년 유럽연합은 '2030 기후에너지 프레임워크'를 통과시켰다. 이 제안서에서 유럽연합은 1990년 보다 적어도 40퍼센트 온실가스 배출을 감축하고, 에너지 분야에서 재생에너지 비율과 에너지 효율성을 27퍼센트 넘게 높일 것을 요구했다. 이러한 목표는 당시 협의한 '청정에너지통합법'의 기초가 됐다. 이는 미래 에너지 정책의 법적 기초를 제시했다.

하지만 이 규칙들로는 파리기후협약에 따른 유럽연합의 의무가 충분히 충족되지 않는다. 지구 평균온도를 산업화 시대 이전과 비교해 2도 아래로 유지하는데 기여하기 어렵다.

유럽은 에너지 약 54퍼센트를 수입한다. 유럽연합 집행위원회는 에너지 외교에서 제한된 권한만을 가진다. 회원국은 외교와 안보 문제에 대한 주권을 가지고 있다. 또한 나라들마다 서로 다른 수입자, 공급자, 통과국에 의존하고 있다. 2004년 유럽연합이 확장되면서 유럽연합의 에너지 외교에 대한 강력한 조정이 있었다. 특히 동유럽 신생 회원국들은 러시아의 가스 공급에 의존해 왔다.

2004년 도입되어 2015년 수정된 '유럽 인접국가 정책(ENP)'은 에너지 외교의 기준을 제시했다. 이에 따르면 유럽연합은 동쪽과 서쪽의 이웃 국가들과 함께 지속가능한 에너지 목표를 달성하려는 의지를 갖고 있다. 2005년 체결한 에너지 공동체 창설을 위한 협약은 유럽연합 에너지 시장의 규범을 남동 유럽 비회원국까지 넓히려는 의지를 담고 있다.

2005년 유럽연합 회원국들은 경쟁력, 지속가능성, 안정된 공급이라는 세 개 대원칙에 기초한 일관성 있는 유럽 에너지 정책을 발전시키기로 약속했다. 반복되는 러시아와 우크라이나 가스 분쟁과 서남아시아의 지정학적 긴장 때문에 이러한 정책이 더욱 긴급해졌다.

유럽은 시선을 내부로 돌려 에너지 단일시장의 발전을 촉진하기 시작했다. 2015년 시작된 '에너지 연합(Energy Union)'을 통해 유럽연합은 이미 결의된 2030 기후에너지 프레임워크를 에너지 공급 안정성과 엮으려고 한다. 2016 '유럽인을 위한 청정에너지' 일괄 조치는 유럽연합의 규칙을 파리기후협약이 요구하는 의무와 일치시키는 것을 목표로 한다.

유럽 에너지 정책은 국제 기후 목표와 나라들의 이해관계, 초국가적 규정의 교차점 위에 있다. 경제의 역동성과 지정학적 분쟁 또한 고려 요소다. 게다가 오늘날 유럽은 화석연료에서 재생에너지원으로 전환하며 새로운 에너지 소유 모델이 가능하다는 것을 경험하고 있다. 이러한 변화와 함께 에너지 공급과 분배의 탈중심화와 민주화가 일어나고 있다. 전체 에너지 정책은 변화에 계속 맞닥뜨리고 있다. ●

유럽의 협력 작업과 에너지 정책

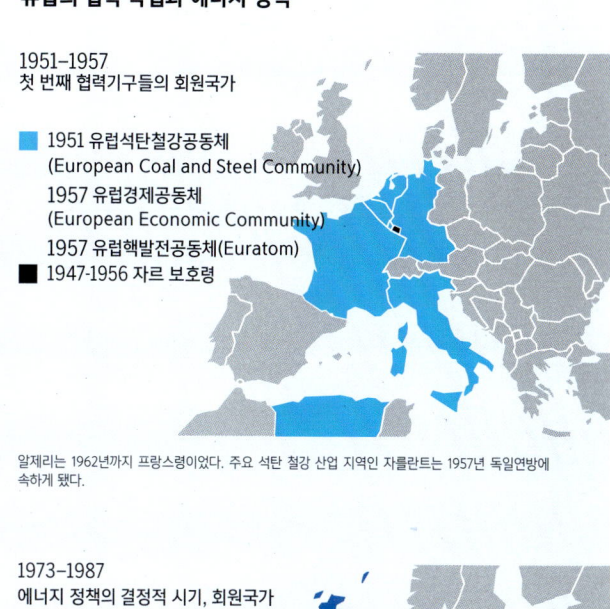

1951-1957 첫 번째 협력기구들의 회원국가

- 1951 유럽석탄철강공동체 (European Coal and Steel Community)
- 1957 유럽경제공동체 (European Economic Community)
- 1957 유럽핵발전공동체(Euratom)
- 1947-1956 자르 보호령

알제리는 1962년까지 프랑스령이었다. 주요 석탄 철강 산업 지역인 자를란트는 1957년 독일연방에 속하게 됐다.

1973-1987 에너지 정책의 결정적 시기, 회원국가

- 1973 석유파동 기간
- 1987 유럽은 처음으로 유럽 국가들이 서로 전기 거래를 할 수 있도록 승인
- ☢ 체르노빌 핵 발전소 사고(1986)

그린란드는 1973년 덴마크와 함께 유럽경제공동체에 가입한 뒤 1985년 탈퇴했다

에너지 문제를 포함해 2004년 뒤 유럽 인접 국가 정책 기구들

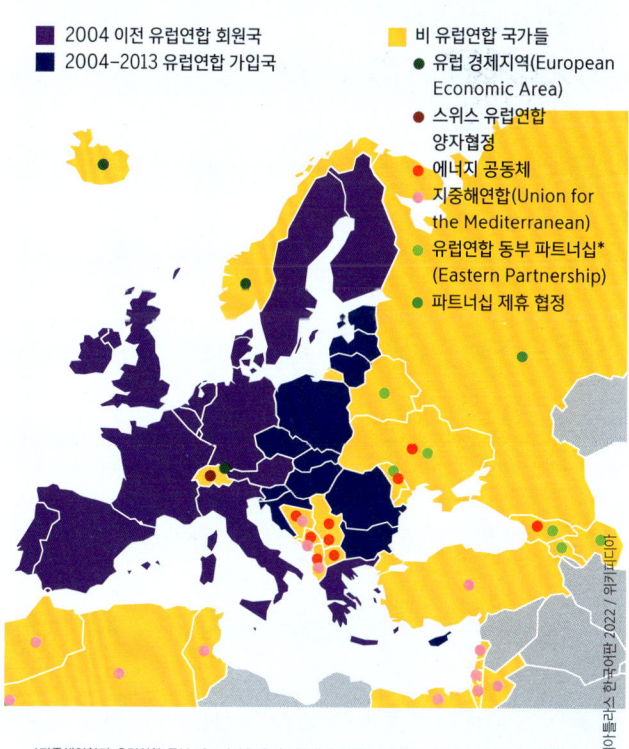

- 2004 이전 유럽연합 회원국
- 2004-2013 유럽연합 가입국
- 비 유럽연합 국가들
- 유럽 경제지역(European Economic Area)
- 스위스 유럽연합 양자협정
- 에너지 공동체
- 지중해연합(Union for the Mediterranean)
- 유럽연합 동부 파트너십* (Eastern Partnership)
- 파트너십 제휴 협정

*지중해연합과 유럽연합 동부 파트너십은 유럽 인접국가 정책을 구성한다. 2017년 영국은 유럽연합 탈퇴를 결정했다(Brexit). 옵서버 국가와 과거 회원국 제외.

미래
내일의 승자

국제 경쟁에서 녹색 에너지와 기술은 새로운 경제 영역을 만들었다. 누군가 이 분야를 주도하거나 이 분야에 참여한다면 수출 기회, 일자리, 가격 하락 같은 이익을 얻을 수 있다. 민주주의와 사회 정의는 에너지 전환이 성공하기 위한 요소다.

세계 기후는 그 어느 때보다 빠르게 변하고 있다. 사람들은 이러한 위기에 대해 점점 더 많은 정보를 갖고 있다. 지식에는 행동이 뒤따른다. 시민, 정부, 기업들은 친환경 에너지 체계로 전환하는 것이 비용이 많이 들거나 고통을 감수해야 하는 과제가 아니라는 것을 깨닫기 시작했다. 오히려 전환은 가격 하락, 새로운 산업, 지역 일자리, 에너지 안보와 같은 장점이 있다. 지역 일자리는 줄이거나 다른 곳으로 옮길 수 있는 것이 아니다.

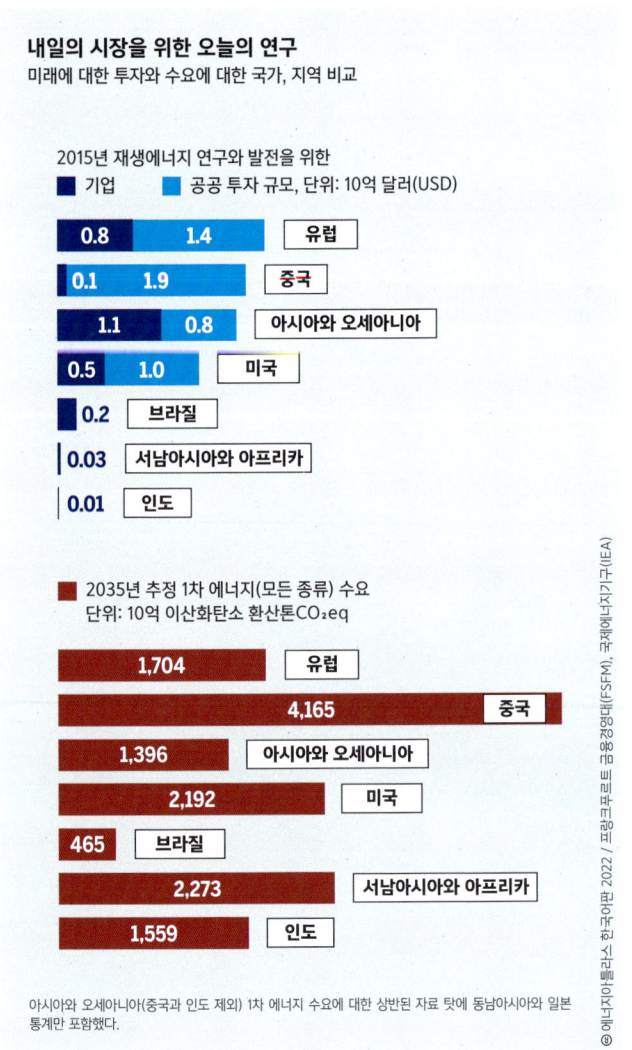

아시아와 오세아니아(중국과 인도 제외) 1차 에너지 수요에 대한 상반된 자료 탓에 동남아시아와 일본 통계만 포함했다.

유럽은 해상과 육상풍력 에너지를 포함해 여러 친환경 기술이 앞서 있다. 에너지 전환은 수출에 대한 새로운 전망을 만든다. 북미, 동아시아와 경쟁하는 것은 유럽이 연구와 혁신에 계속 투자하고 녹색기술을 확산하게 하는 원동력이다.

대규모 재생에너지 도입을 가능하게 하는 역동성 있는 내부 시장, 플러스에너지하우스(자체 필요 전력보다 많은 양의 전기를 생산하는 주택*옮긴이 주)를 책임지는 건설 분야, 친환경 교통 또한 에너지 전환이 만들어낸 새로운 전망이다. 국가들이 서로 전력, 난방열, 교통망 연결을 개선한다면 전체 에너지 수요를 재생에너지로 해결하고, 에너지 수입을 중단할 수 있을 것이다.

2015년 파리기후협약은 화석연료를 포기해야만 기후변화를 막을 수 있다는 것을 확인시켰다. 이산화탄소 위험 부담은 당장 맞닥뜨린 문제다. 신중한 투자자들은 점차 화석연료에 등을 돌리고 녹색기술에 관심을 보이고 있다. 기후협약은 재생에너지의 잠재력과 에너지 효율성의 장점을 더 분명하게 알렸다. 유럽연합의 재정 지원으로 북해와 발트해의 해상풍력 단지, 재생에너지를 이용한 지역난방이나 유럽 주요 간선도로에 전기자동차 충전시설을 설치하는 뛰어난 프로젝트가 시작됐다. 지역난방은 일정 장소에서 만든 고압 증기나 온수를 땅 속 배관을 통해 여러 건물로 일괄 공급하는 방식이다. 건물마다 보일러 시설과 관리 인력이 필요하지 않아 비용도 적고 에너지 효율도 높다.

지난 백 년 동안 한 국가가 가진 지정학의 강점은 에너지 자원에 달려 있었다. 하지만 미래의 경쟁력은 환경 기술에서 나올 것이다. 태양과 풍력 에너지, 지능형 전력망, 에너지 저장 장치를 선도한 나라들은 다른 나라보다 한 걸음 앞서게 될 것이다. 화석연료 수입을 줄이는 것은 에너지 안보를 강화할 것이다. 친환경 기술 투입에 속도를 높이면 러시아나 사우디아라비아 같은 나라에 덜 의존하게 되고, 자신들의 지정학적 영향력을 높일 수 있을 것이다.

하지만 유럽 경제는 여전히 화석연료에 크게 의존하고 있다. 특히 난방과 냉방, 운송 분야 의존도가 높다. 교통은 예나 지금이나 가장 강력하게 탈탄소해야 하는 영역이다. 지금도 유럽연합은 90퍼센트 넘는 차량이 화석연료를 쓰고 있다. 도시의 차량 감소, 보행자와 자전거 이용자를 위한 더 많은 공간, 친환경 대중교통은 도심에서 이동을 변화시킨다. 또한 깨끗한 공기를 만들어 사람들을 더 건강하게 한다. 디젤 배기가스의 유해성을 깨닫는 사람이 많아질수록 전기자동차는 더 인기를 끌게

유럽은 재생에너지 연구에 많은 돈을 쓴다.
여기에 투자를 거의 하지 않는 국가들은
미래의 수출 시장이다.

재생에너지를 통한 고용 – 유럽, 중국, 그 밖 지역

선택된 국가와 지역에서 2016년 에너지원에 따른 일자리 수, 단위: 1000

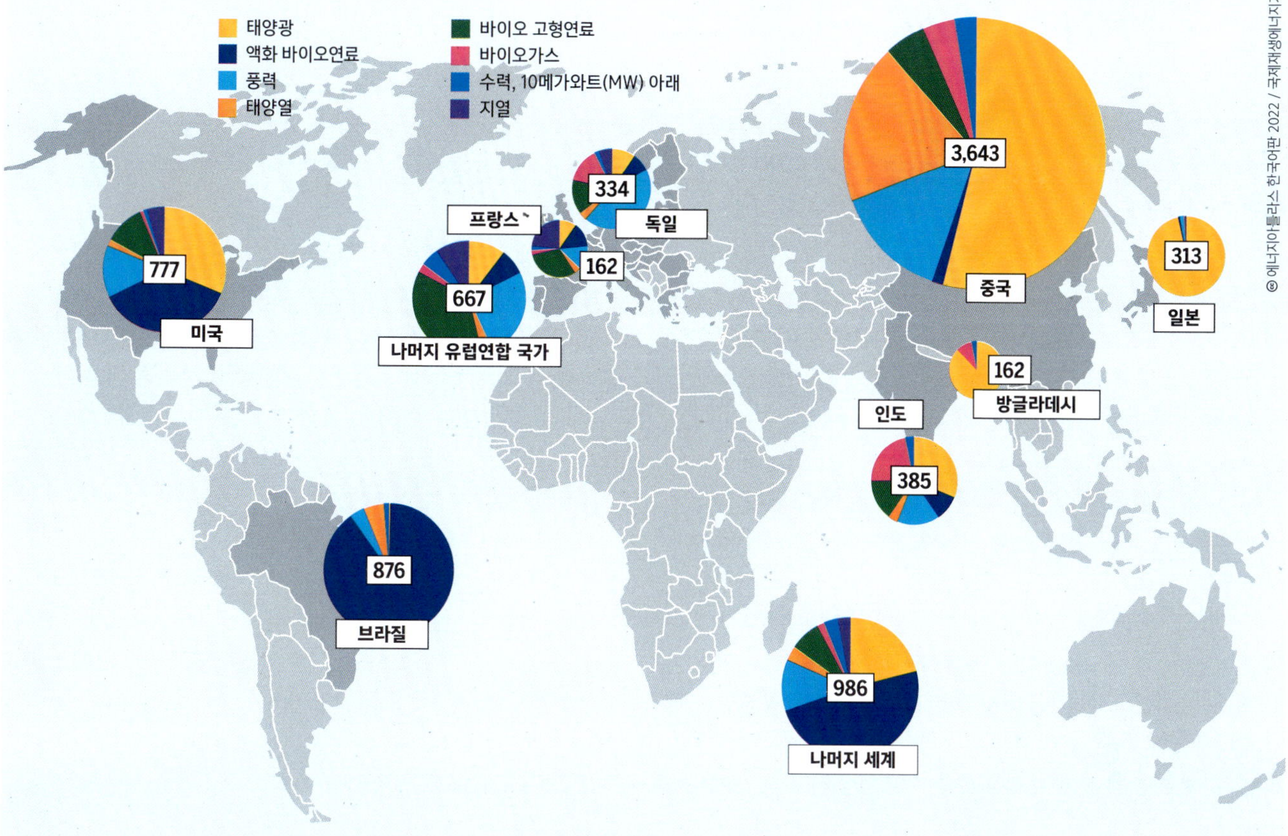

태양광
액화 바이오연료
풍력
태양열
바이오 고형연료
바이오가스
수력, 10메가와트(MW) 아래
지열
777
미국
667
나머지 유럽연합 국가
프랑스
162
334
독일
3,643
중국
313
일본
162
방글라데시
인도
385
876
브라질
986
나머지 세계

불확실한 자료 탓에 거대 수력발전소는 뺐다. 액화 바이오연료는 환경에 미치는 유해성 때문에 가장 의문스러운 재생에너지다.

© 에너지아틀라스 한국어판 2022 / 국제재생에너지기구(IRENA)

될 것이다.

에너지 전환은 민주주의를 위한 싸움이기도 하다. 시민들은 너무 오랫동안 석유와 가스에 대한 에너지 경제와 지정학적 이해관계자들 손아귀 안에 있었다. 에너지 전환을 통해 개인, 협동조합, 지방자치단체는 재생에너지를 이용한 전력 생산 시설을 소유하거나 공유하며 에너지 전환의 주체가 된다. 그들은 스스로 전력을 생산하고, 지능형 조절 장치를 설치해 전력 소비를 최적화할 수 있다.

공정한 사회적 이행을 위해서는 석탄과 가스로 전력을 만들어온 지역에 새로운 경제 전망을 제시해야 한다. 유럽연합 배출권거래제의 이산화탄소 가격이 낮은 탓에 유연탄과 갈탄 광산은 사라지지 않고 있다. 게다가 화력 발전소 유효기간을 강제로 늘리고 있다. 이는 석탄에만 의존하는 지역들의 경제 문제를 더욱 키운다. 화석연료 사용 종료라는 목표는 단계를 밟아 진행하고, 종료 시기도 확정해야 한다. 지역마다 효과 있는 계획과 연결돼야 한다. 그래야 커다란 사회적 위기를 피할 수 있을 것이다. 이에 대한 사례들도 존재한다.

전문가들은 2040년이면 에너지 분야에 투자된 총액 가운데 72퍼센트가 재생에너지 생산에 사용될 것으로 내다봤다.

재생에너지는 세계에서 일자리 830만 개를 만들었다. 이 가운데 110만 개 넘는 일자리가 유럽에, 30만 개는 독일에 만들어졌다.

이미 20년 훨씬 전부터 유럽연합의 정치는 에너지 전환을 시작했다. 오늘날 정치적 결정들은 앞으로 몇 년 동안 이어지는 발전의 틀을 결정하게 될 것이다. 유럽연합은 적절한 결정을 통해 지구를 기후재난으로부터 구하고 녹색기술 분야에서 앞서 나갈 기회를 얻을 수 있을 것이다.

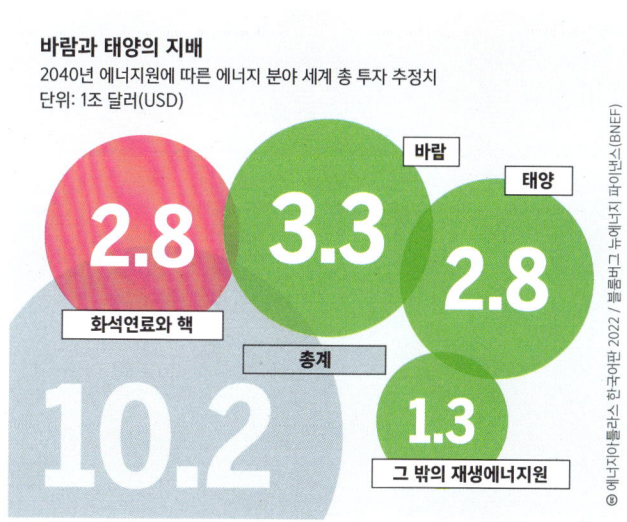

바람과 태양의 지배

2040년 에너지원에 따른 에너지 분야 세계 총 투자 추정치
단위: 1조 달러(USD)

2.8
화석연료와 핵
3.3
바람
2.8
태양
총계
10.2
1.3
그 밖의 재생에너지원

© 에너지아틀라스 한국어판 2022 / 블룸버그 뉴에너지 파이낸스(BNEF)

경제
주변에서 중심으로

재생에너지 경쟁력은 점점 높아지고 있다. 재생에너지는 성장과 일자리를 약속한다. 하지만 에너지 정책에 대한 인식 전환이 아직 충분하지 않다. 재원은 부족하지 않다.

10년 전까지만 해도 많은 사람이 재생에너지는 경제 성장에 위협이 된다고 생각했다. 특히 석탄 산업의 대변인들은 풍력, 태양광 에너지, 바이오매스가 지나치게 비쌀 뿐만 아니라, 실제 전력 수요에서 3~4퍼센트 넘는 양은 절대 책임지지 못할 것이라 주장했다. 하지만 유럽 몇몇 나라들, 특히 덴마크와 독일은 불투명한 성공 전망에도 비용을 들여 재생에너지에 적극 투자했다.

오늘날 재생에너지는 더 이상 주변 기술이 아니다. 오히려 지난 11년 동안 재생에너지는 유럽연합 신생 전력 생산의 커다란 몫을 차지했다. 2015년 유럽연합 전력 소비 16.7퍼센트는 재생에너지에서 나왔다. 이렇게 재생에너지가 성장한 것은 기술 비용이 빠르게 감소했기 때문이다. 2009년 뒤로 태양에너지 기술 비용은 75퍼센트, 풍력에너지 기술 비용은 66퍼센트 떨어졌다. 물론 유럽연합 나라들 사이에도 분명한 차이가 있다. 현재 핀란드와 스웨덴은 재생에너지가 에너지 소비의 30퍼센트를 책임진다. 룩셈부르크와 몰타의 재생에너지 비율은 겨우 5퍼센트다.

재생에너지 경쟁력이 점점 높아지고 있다는 것은 명백한 사실이다. 2015년 뒤로 유럽연합의 화석연료 사용량은 11퍼센트 낮아졌다. 화석연료 수입 비용은 2013년 뒤 35퍼센트나 줄었다. 재생에너지 확산 덕분이다. 재생에너지는 특히 석탄과 천연가스를 대체했다. 아직은 재생에너지원이 교통 분야에서 널리 쓰이지 않아 석유를 대체하는 것은 성공하지 못했다. 석유는 교통 분야의 핵심 연료다.

화석연료와 핵연료는 강력한 공공 지원을 통해 유럽연합에서 이익을 봤다. 물론 재생에너지를 위한 자극도 있었다. 재생에너지 생산자들은 발전차액지원제도(feed-in tariff, FIT)를 통해 재생에너지로 생산된 전기에 대한 고정 판매 가격을

*수입 비용을 줄여 얻은 이익을
계속 수입을 줄이는데 투자하는 것은
국민경제를 위해 의미 있는 일이다.*

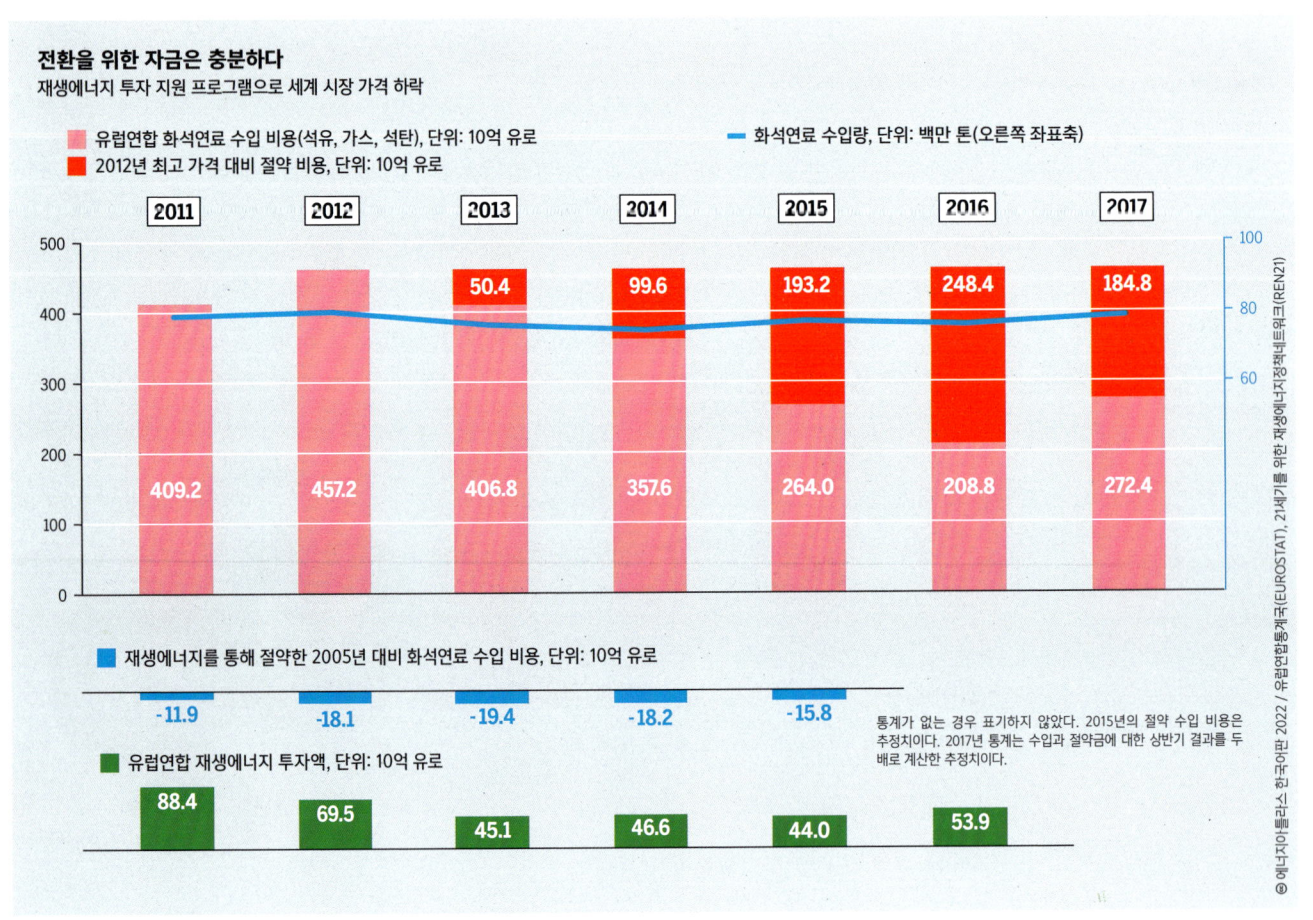

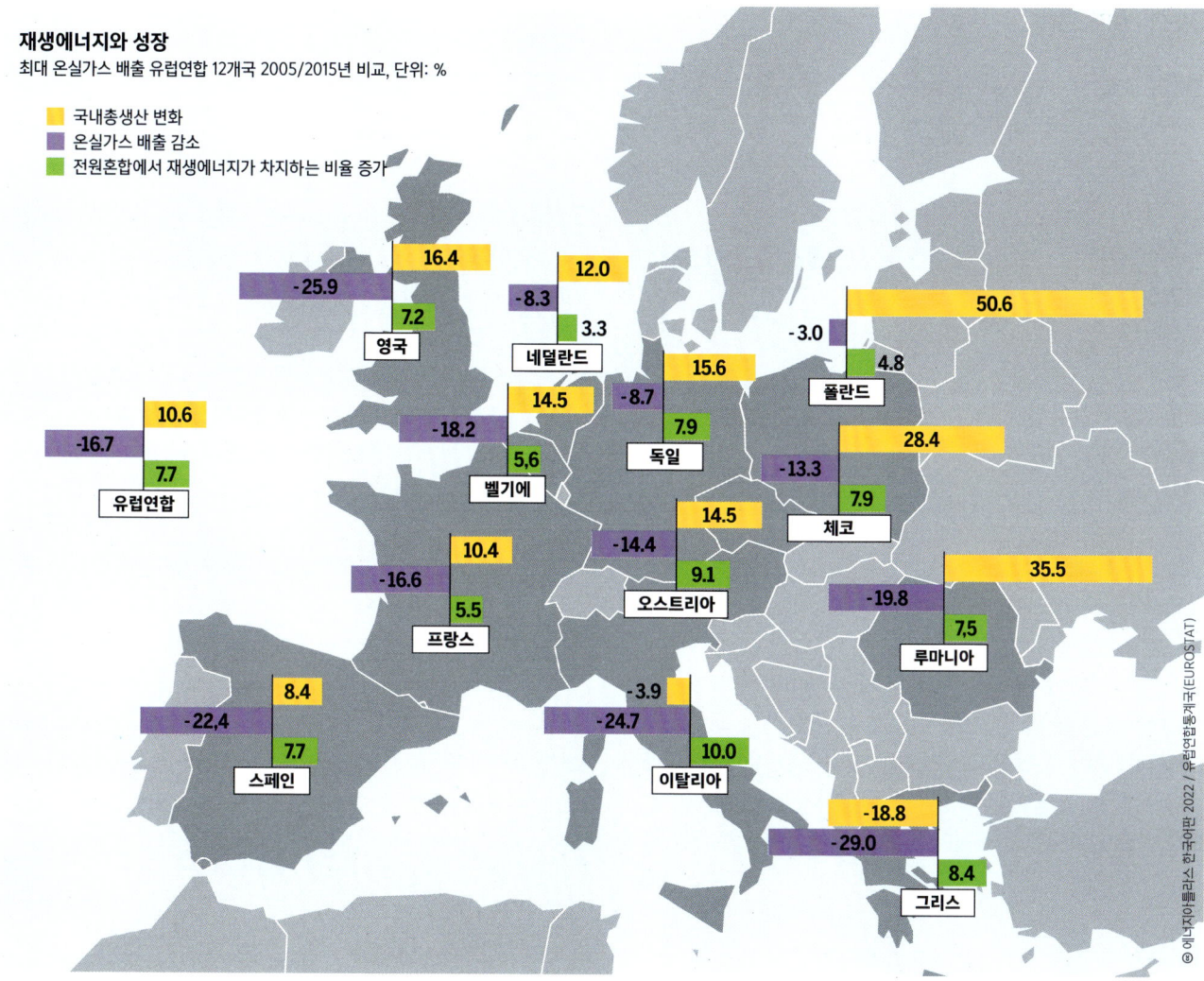

가장 많은 온실가스를 배출하는 유럽연합 12개 회원국의 에너지와 경제는 일관된 경향을 띠지는 않는다.

보장받을 수 있다. 하지만 재생에너지를 위한 지원금은 오랫동안 화석에너지 산업으로 흘러들었던 비용에 비하면 매우 적다. 유럽연합 집행위원회와 회원국 정부들은 해마다 모두 1,100억 유로가 넘는 무료 탄소배출권과 지원금을 화석연료 에너지 생산자들에게 분배했다. 이에 반해 재생에너지에 들어간 돈은 400억 유로에 그친다.

재생에너지의 성장이 유럽 경제 성장에 제동을 걸지 않았다. 2006년부터 2015년까지 유럽 경제는 0.7퍼센트 성장했다. 그 시기 에너지 소비에서 재생에너지가 차지하는 비중은 7.7퍼센트 늘었다. 2005년 뒤로 유럽의 온실가스 배출은 10퍼센트 줄었다. 유럽연합에서 경제 성장과 탄소 배출의 상관관계가 처음으로 무너진 것이다. 에너지 전환은 경제 복리를 만들어낼 수 있고 탄소발자국도 줄일 수 있다.

유럽은 재생에너지 투자액으로만 보면 세계 선두지만, 세계 재생에너지 투자에서 유럽이 차지하는 비중은 2005년 46퍼센트에서 2015년 17퍼센트로 떨어졌다. 원인은 세계 다른 국가 정부들 또한 재생에너지의 경제 가능성을 발견했기 때문이다. 유럽은 이 분야에 대한 연구와 혁신에서 앞서 나가기를 원한다. 유럽연합 최대 규모 연구 프로그램 '호라이즌 2020(Horizon 2020)'은 2014년부터 2020년까지 약 60억 유로를 재생에너지 분야에 할당했다.

오늘날 재생에너지 분야에서 많은 일자리가 생겨나고 있다. 2014년까지 이미 100만 개 넘는 일자리를 만들었다. 대부분 풍력, 태양, 바이오매스와 관련된 것이다. 이 분야 기술들은 지난 몇 년 동안 세계에서 가장 높은 성장률과 최대 가격 하락을 기록했다. 2014년 유럽 재생에너지 분야 1인당 일자리 수는 세계 2위를 기록했다. 하지만 2018년은 중국, 미국, 일본, 브라질에 이어 5위에 그쳤다. 유럽은 재생에너지 일자리 분야에서 그 순위가 더 떨어질 수 있다.

유럽은 금세기 중반까지 온실가스 배출을 80퍼센트까지 줄이려고 한다. 이 목표를 달성하려면 전력뿐 아니라 냉난방, 교통에서 재생에너지가 차지하는 몫이 눈에 띄게 늘어나야 한다. 환경과 기후 문제뿐 아니라 경제적으로도 재생에너지는 가장 주목받는 화석연료의 대안이다. 이미 많은 사람들이 재생에너지 발전을 통해 일자리, 건강 비용의 감소, 자가 전력 생산과 같은 이익을 직접 누리고 있다. ●

시민 에너지
작은 물방울이 전기가 된다

당신만의 에너지 체계를 가져라! 시민들이 직접 투자하거나 공동 소유해 에너지 전환에 적극 참여한다. 이것은 시작일 뿐이다.

2009년 뒤로 유럽에서 재생에너지 생산 시설을 가장 많이 설치한 나라는 덴마크와 독일이다. 이 두 나라는 시민들이 에너지 전환에 가장 많이 참여한 나라이기도 하다. 독일에는 다양한 소유 형태가 있다. 재생에너지 생산 설비 가운데 5퍼센트만을 기존 거대 에너지 공급자들이 소유한다. 덴마크는 육상 풍력발전 시설을 세울 때 지역 주민 지분이 최소 20퍼센트 정도 돼야 설치 허가를 받을 수 있다.

많은 나라에서 재생에너지 발전은 다양한 반대에 부딪히곤 한다. 모든 이익이 바깥으로 빠져나가고 계획이 언제 어떻게 진행될지 지역 주민들 스스로 결정할 수 없는 상황에서 거대 기술에 대해 현지에서 관심이 적은 이유는 이해하기 쉽다. '성 플로리안 원칙*'은 큰 문제이다. (지역이기주의를 뜻하는 '님비(Nimby)'와 유사한 태도다. 독일은 과거에 성 플로리안을 화재나 가뭄을 피하기 위한 수호성인으로 섬겼다. 성 플로리안 봉납 현판에 "성 플로리안이시여, 제 집에서 다른 집으로 옮겨 주소서"라고 적혀 있다고 한다. *편집자 주)

이 문제는 영국에서 처음 나타났다. 지금은 벨기에, 프랑스 같은 다른 나라에서도 이런 태도가 문제를 만들고 있다. 하지만 시민들이 재생에너지 생산 시설을 직접 소유하거나 공동 소유하면 상황은 달라진다. 따라서 지역 주민들과 지역 상황을 전체 에너지 전환의 중심에 세우는 것이 필요하다.

2016년 제안된 유럽연합 '청정에너지통합법'은 2030년까지 유럽 에너지 체계의 목표와 규칙을 확정해야만 한다. 하지만 이 통합법의 상당 부분은 이런 요구와 거리가 있고 불분명하다. 많은 시민들은 에너지 체계가 일부 에너지 대기업의 소유이고, 엘리트 관리자들과 유럽연합 수도 브뤼셀의 결정권자들이 이 기업들을 움직인다고 생각한다. 하지만 연결망을 이루는 시민 에너지 프로젝트는 이미 지역에 다양한 형태로 존재한다. 따라서 협동조합과 공동 소유 집단들은 지역 전력망으로 유럽과 연결된다. 만약 시민들이 에너지 체계를 소유하고 그것이 수익을 낸다면, 에너지 전환같이 멀게 만 느껴지는 개념이 이미

미래 전망: 2050년 수억 명에 달하는 유럽연합 시민들은 오늘날 핵발전소가 생산하는 에너지의 두 배를 생산할 수 있을 것이다.

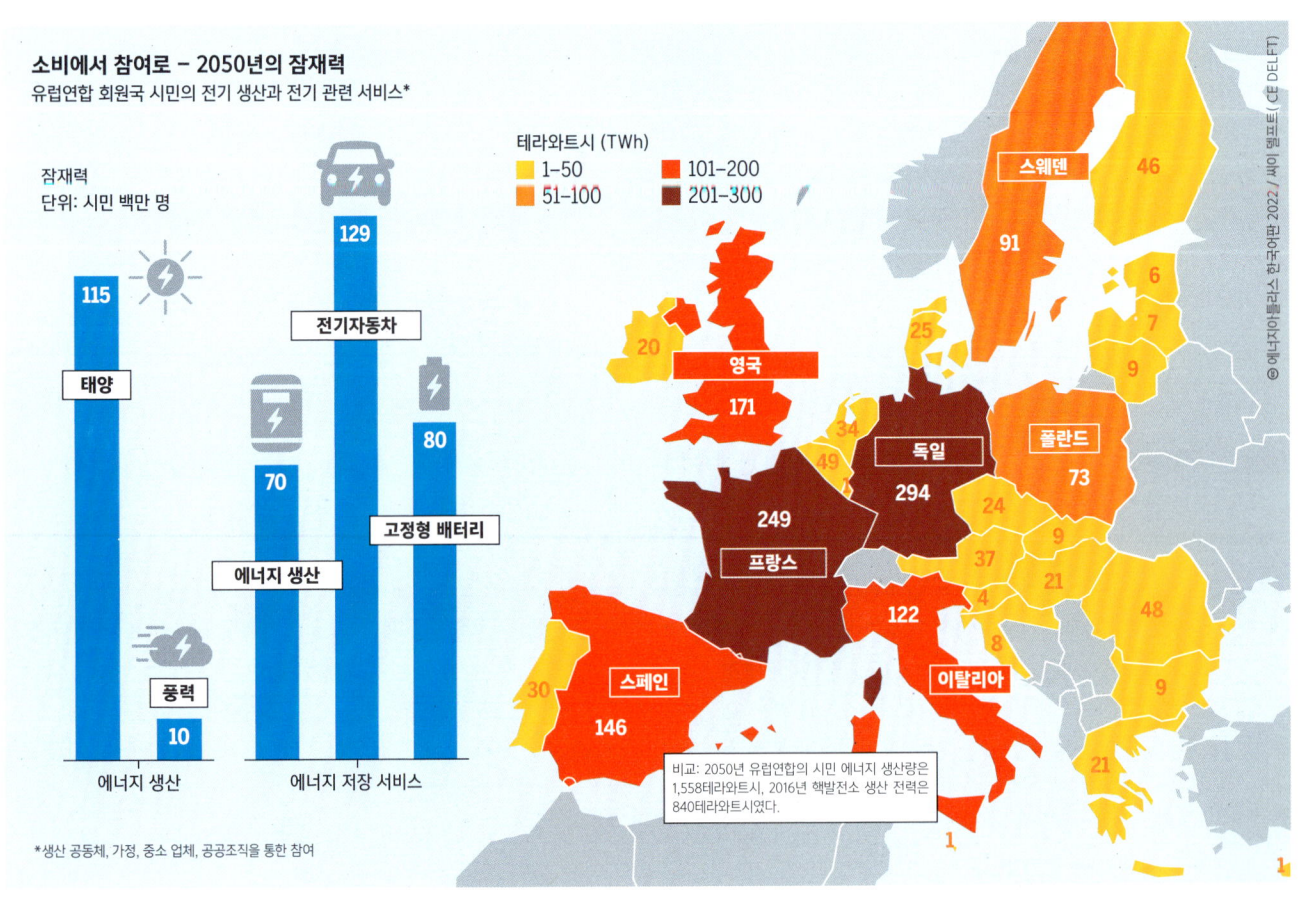

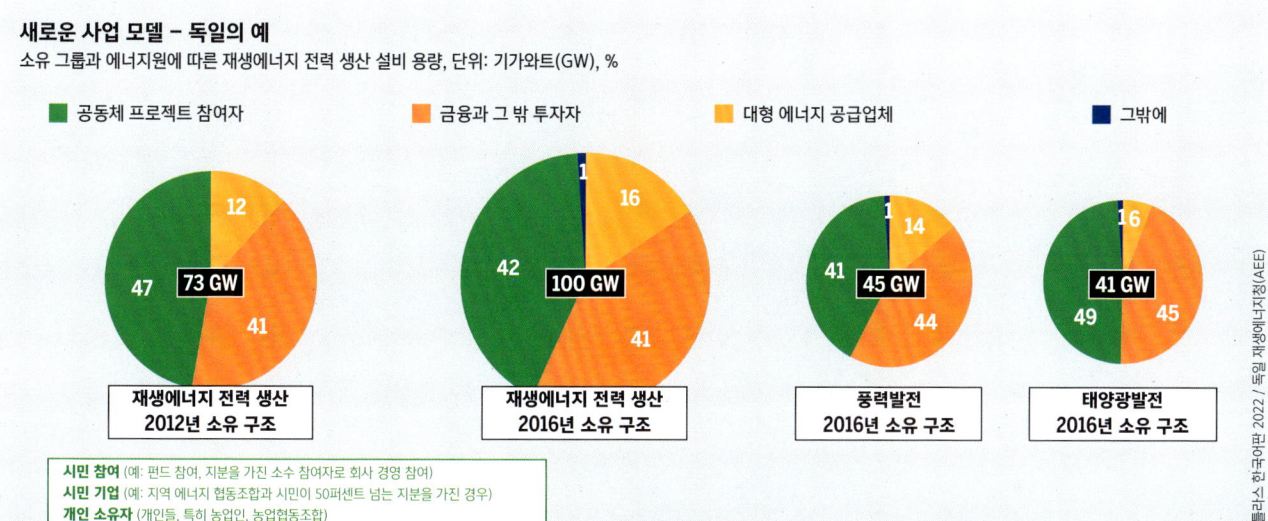

실현되고 있는 셈이다.

지역 주민이 지역 에너지 프로젝트에 투자하는 데는 많은 이유가 있다. 이런 시설은 초국가 거대 개발업체들의 시설보다 지역 경제를 위해 여덟 배 높은 수입을 지역 경제에 안겨 준다. 또한 함께 성취했다는 자부심도 공유할 수 있다.

중앙 통계자료가 없기 때문에 에너지 전환에 참여하는 시민들의 숫자를 평가하기는 쉽지 않다. 유럽에는 작은 에너지 프로젝트가 수천 개나 있다. 동유럽은 중앙 집중화된 구조로 소규모 참여자들을 위한 정치 구조가 없기 때문에 시민 참여가 뒤처져 있는데다가 정부들이 여전히 화석연료와 핵에너지를 선호한다. 하지만 거대한 잠재력도 가지고 있다. 적합한 정치 조건이 주어지면 시민 에너지는 급속하게 확산될 것이다.

환경 컨설팅 기업 씨이 델프트(CE Delft)의 2016년 보고서에 따르면 2050년까지 2억 6,400만 명의 '에너지 시민'이 유럽연합 전력 수요 가운데 45퍼센트를 충당할 수 있다. 이 연구는 다양한 형태의 시민 에너지가 가진 잠재력을 보여준다. 2050년에는 지역 공동체 기업과 협동조합이 전력의 37퍼센트를 공급할 수 있을 것이다. 지역 경제에도 매우 좋은 영향을 미칠 것이다.

에너지 전환에 대한 시민 참여 확대는 적합한 정치에 달려 있다. 하지만 많은 나라의 에너지 체계는 잘못된 방향으로 나아가고 있다. 가장 큰 장애물 가운데 하나는 발전설비 과잉이나. 전력 생산은 수요를 넘어섰다. 화석연료와 핵에너지는 '에너지 안보'를 지키기 위해 공적 지원을 받아 왔다. 이것이 지역 재생에너지 사업을 위한 시장을 억누르고 있다.

현재 규정은 앞으로 10년 동안 수백만 사람들이 에너지 전

에너지 대기업은 오랫동안 소유구조에 무관심했다. 이것이 놀라운 경제적 의미와 함께 민주적 소유 구조를 가진 시민 에너지를 만들어냈다.

재생에너지는 지난 4년 동안 25퍼센트 성장했지만 '시민 에너지'의 몫은 '기업 에너지' 때문에 줄어들었다.

환에 참여하는 것을 불확실하게 만든다. 청정에너지통합법의 최종 형태에 달려 있다. 개인이나 연합체가 자체 에너지를 생산, 소비, 저장, 판매할 수 있는 권리는 유용하다. 또한 지나치게 높은 에너지 기반시설에 드는 비용이나 다른 행정 장애물도 넘어서야 한다. 그러면 같은 경쟁 조건이 만들어지고, 시민 에너지가 시장에 진입할 수 있는 적합한 환경이 조성될 것이다. ●

도시
도시의 행동

도시는 혁신을 위한 실험실이 될 수 있다. 대규모 아이디어를 실험하기에 충분히 크지만, 잘 작동하지 않는다면 아무 영향을 미치지 못할 만큼 작기도 하다. 도시의 좋은 프로젝트는 국가 차원으로 발전될 수 있다.

도시는 기후변화의 영향을 줄이는 데 중요한 역할을 맡고 있다. 1992년 리우지구정상회의에서 채택된 '의제 21(Agenda 21)'은 국제 사회와 지역 차원의 지속가능한 발전을 촉구했다. 그 뒤 세계 도시는 큰 진전이 있었다. 2009년 유럽의회에서 수백 개 도시의 이산화탄소 배출량 감축 의무와 유럽연합 시장협약(EU Covenant of Mayors)이 시작됐다. 세계 7,700개 지자체가 에너지 문제와 기후보호에 전념하고 있다. 2015년 파리기후변화협약을 통해 대략 1,000개 도시 지도자들은 2050년까지 '탄소중립'에 도달해야 하는 책임을 갖게 됐다. 이는 이산화탄소 배출량만큼 흡수하는 대책을 세워 순배출 '0'을 만드는 '넷제로(Net Zero)' 정책이다.

세계의 도시는 세계 에너지 가운데 3분의 2가 넘는 양을 쓰고, 이는 세계 이산화탄소 배출량 약 70퍼센트를 차지한다. 도시는 기후변화를 일으키는 원인을 제공하면서 동시에 피해를 입기도 한다. 홍수, 해수면 상승, 산사태, 극한 기후와 물 부족으로 어려움을 겪고 있다. 유럽 에너지 전환을 위해 지방정부는 기후변화 영향을 줄이려고 노력한다. 지방정부는 재생에너지를 홍보하고 스마트 전력망을 개발하고 있다. 하지만 누가 이 모든 신기술을 소유하고 관리하며 이에 따른 혜택을 얻는지에 대해서는 국가 차원, 유럽연합 차원에서 여전히 의문으로 남는다.

몇몇 도시는 답을 찾았다. 바르셀로나, 파리, 벨기에의 겐트 지방정부는 에너지를 '공유재(Commons)'로 여긴다. 여기에는 바람, 햇빛, 수력, 바이오매스와 지열 에너지 같은 천연자원이 포함되며, 이 에너지들은 몇몇 개인이 소유하지 않고 사회 전체에 제공해야 한다. 상품경제가 재생산 경제로 전환되면 자원의 공정한 분배가 가능해진다.

많은 영국 지방정부들은 난방을 할 수 없는 사람들이 처한 '에너지 빈곤' 문제에 대응하고 있다. 브리스톨시는 에너지 소비를 줄이기 위한 재생에너지 생산과 단열 계획을 추진하고 있다. 이러한 계획은 지역 통화인 '브리스톨 파운드(Bristol Pound)'와 밀접하게 연결돼 있다. 이는 도시 안에서 돈이 돌게 하고 지역산업을 연결해 지역 경제를 강화하는 목표가 있다. 2017년 파리, 코펜하겐, 옥스퍼드시는 국가 규제가 발효되기도 전에 휘발유와 디젤 자동차 금지 계획을 발표했다. 네덜란드에서는 정부가 요리와 난방용 가스를 포기하는 결정을 내리기도 전에 '가스 없는' 지역들이 생겨났다.

점점 더 많은 지방자치단체가 '시민 에너지' 형태의 지역 에너지 협동조합에 직접 투자하거나, 보조금, 법률 지원과 전문기술 지식, 공공시설을 제공하고 있다. 지방자치단체는 에너지 전환을 지역 경제 발전의 기회로 보고 있다. 지역 자본을 동원할 수 있는 지자체는 지역과 상관없는 소수 외래자본 대신 직접 투자할 지역 사람들을 선호한다.

'녹색 채권' 발행은 환경사업 계획 투자에 활기를 준다. 이는 환경 지속가능성에 기여하는 활동이나 사업 자금을 조달하는 데 쓰인다. 주민들이 거대 소비자인 기업처럼 에너지 비용을 낮추기 위한 전력 구매 회사 선정에 힘을 모을 수 있다.

투자금 수익으로 상환하는 '리볼빙 채권'은 에너지 절약을

특히 이탈리아의 지방 정치인들은 로마 정부의 기후보호 정책을 기다리지 않고, 먼저 나서기 시작했다.

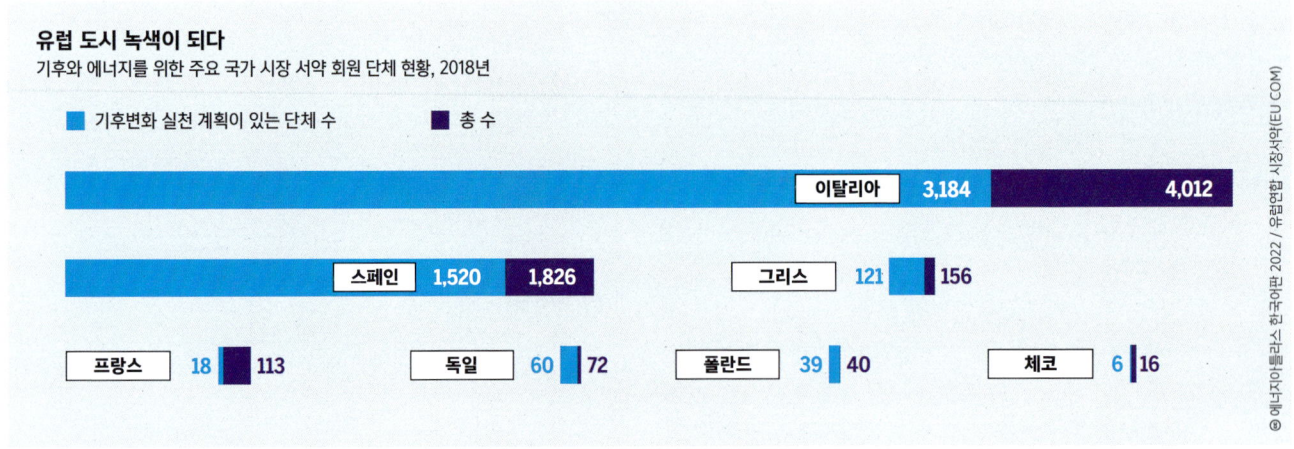

유럽 도시 녹색이 되다
기후와 에너지를 위한 주요 국가 시장 서약 회원 단체 현황, 2018년

- 기후변화 실천 계획이 있는 단체 수
- 총 수

이탈리아	3,184	4,012
스페인	1,520	1,826
그리스	121	156
프랑스	18	113
독일	60	72
폴란드	39	40
체코	6	16

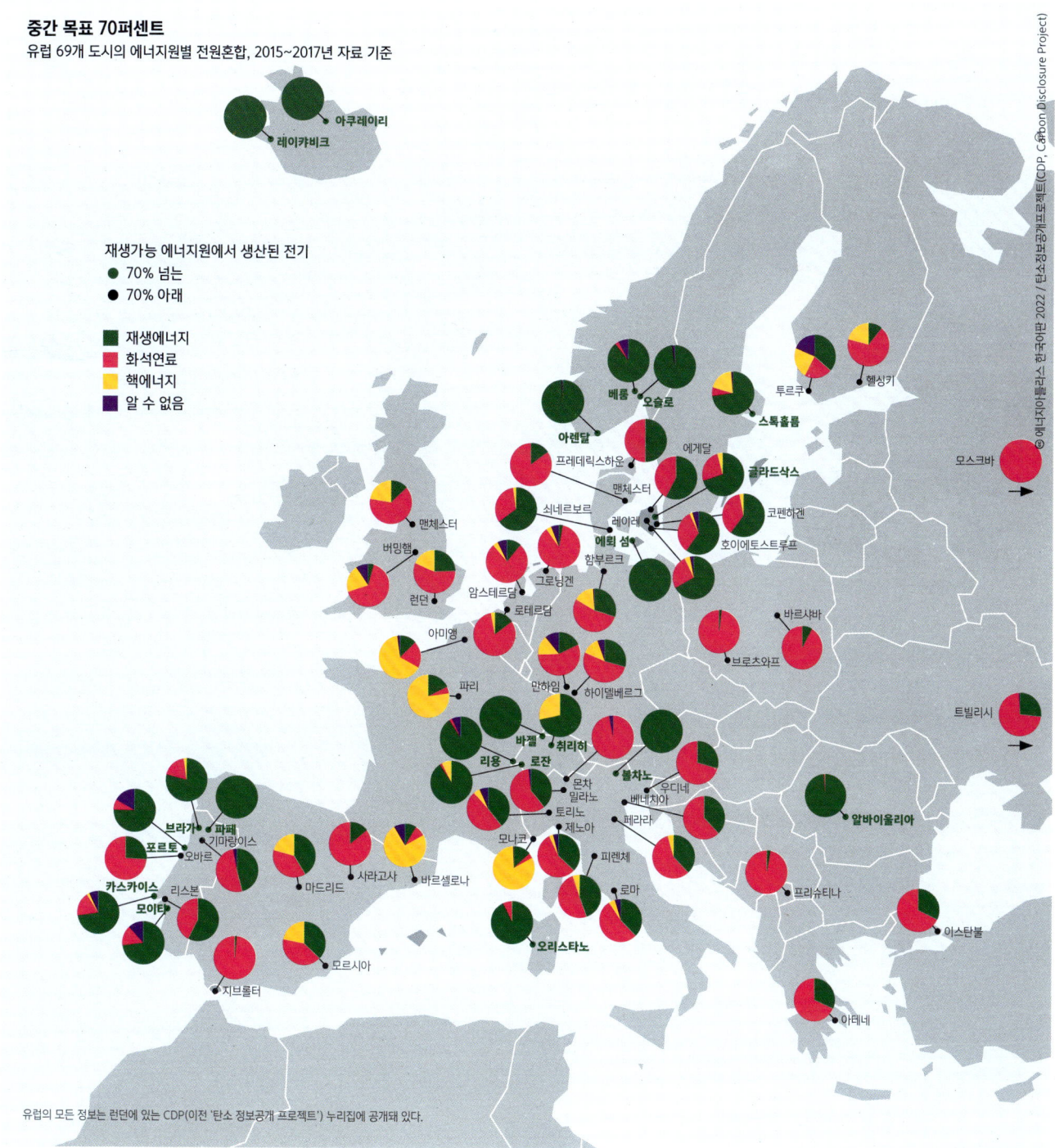

중간 목표 70퍼센트
유럽 69개 도시의 에너지원별 전원혼합, 2015~2017년 자료 기준

유럽의 모든 정보는 런던에 있는 CDP(이전 '탄소 정보공개 프로젝트') 누리집에 공개돼 있다.

유럽 수십 개 도시들은 전원혼합을 런던에 보고한다. 지리적 위치와 에너지 정책이 지속가능한 길을 결정한다.

촉진한다. 이는 대금을 일시불이나 할부로 납부하지 않고 경제 사정에 맞게 최소 금액만을 결제하고 나머지 대금은 대출로 이전하는 제도다. 지방자치단체는 절약된 비용 일부를 다른 사업 계획에 투자할 수 있다. 체코의 한 도시인 리토메리체는 이 체계를 잘 구현한 도시 가운데 하나다. 또 다른 예는 프랑스 파리다. 파리에서 크라우드 펀딩은 '기후중립 2050' 전략 가운데 중요하게 자리매김했으며, 파리는 '녹색 금융'의 국제 중심지가 되기를 바라고 있다.

유럽연합 청정에너지통합법은 2016년 제안돼 2018년 채택됐다. 이는 앞으로 수십 년 동안 에너지 상황에 영향을 미칠 것이다. 또한 지방정부, 시민 협동조합과 새로운 당사자가 시장에 공정하게 접근할 수 있는지 여부를 결정한다. 오래된 중앙집권 구조가 새롭고 다양한 단계별 협치 모델로 대체될 때 신기술을 바탕으로 분산형 에너지 체계는 잠재력을 실현할 수 있다. 2018년 1월 유럽 의회는 유럽연합 회원국에게 에너지와 기후 문제에 관해 시민과 지방정부들과 소통하며 계속 이어갈 수 있도록 흔들림 없는 대화 플랫폼 마련을 촉구했다. 이러한 플랫폼은 지방정부가 주민들의 아이디어와 자원에 접근할 기회를 제공할 것이다. ●

에너지 빈곤
추위와 어둠 속에서

많은 유럽 사람들이 따뜻한 집에 살지 못하거나 전기 요금을 내는 데 어려움을 겪는다. 에너지 전환이 사회·정치적인 방향으로 나간다면 에너지 비용을 줄이고 주민 소득을 늘리는 데 도움이 될 수 있다.

유럽연합의 시민 10~25퍼센트인 5,000만 명에서 1억 2,500만 명이 에너지 빈곤에 시달리고 있다. 에너지 빈곤은 개인과 가족은 물론 사회 전체에 심각한 결과를 가져온다. 삶의 질이 떨어지고 건강 문제가 심각해지며, 이로 인한 불법 벌채는 자연을 파괴하고 적합하지 않은 물질들을 태워 공기를 점점 더 오염시킨다.

에너지 빈곤에 대해 유럽연합이 공통으로 내린 정의는 없다. 유럽연합 가운데 3분의 1 아래 나라들만이 에너지 빈곤을 인지하고 있다. 에너지 빈곤을 법으로 정의한 나라는 키프로스, 프랑스, 아일랜드, 영국 네 나라뿐이다. 이 주제는 2016년 마로쉬 쉐프초비치의 연설을 통해 정치 의제가 됐다. 그는 유럽의회 부회장이며 유럽연합 에너지 전환을 조정하는 프로젝트인, 에너지 연합(Energy Union)을 책임지고 있다.

에너지 빈곤은 동유럽과 남유럽에서 특히 두드러진다. 불가리아와 리투아니아 가구 30~46퍼센트는 가난해서 난방을 충분히 할 수 없다. 불가리아에서는 높은 에너지 비용과 에너지 독점 기업의 영업 방침 때문에 큰 시위도 일어났고 2013년 정부가 이 문제로 퇴진하기에 이르렀다. 포르투갈, 그리스, 키프로스에서는 가구 20~30퍼센트 정도가 에너지 빈곤으로 고통 받고 있다.

에너지 빈곤은 저소득과 관련 있지만 반드시 함께 발생하는 것은 아니다. 지역난방 체계를 통해 저렴하게 난방을 제공하면 저소득층이라고 해도 에너지 빈곤을 겪지 않을 수 있다. 반면 소득 수준이 높은 가구는 높은 에너지 비용과 효율이 떨어지는 단열로 열 공급이 충분하지 않을 수 있다.

에너지 빈곤 개념은 명확하고 일관되게 정의되지 않은 탓에 많은 의사 결정권자들이 에너지 빈곤 개념을 이해하는 데 어려움을 겪는다. 이를 개선하기 위해 서로 연관된 두 단체가 핵심 역할을 할 것이다. 유럽연합 연료빈곤네트워크(EU FPN)는 연료 부족에 대한 정보를 제공하고, 유럽연합 에너지빈곤관측소(EU EPOV)는 분석과 제안을 위한 자료를 수집한다.

에너지 빈곤 문제는 어떻게 해결할 수 있는가? 대부분 계획들은 에너지 빈곤을 사회 문제로 보고 있다. 짧은 기간 안에 소득을 끌어올리는 것보다 멀리 내다보는 성장이 더 중요하다. 에너지 효율이 높은 건물의 비용절감, 시민 에너지를 장려하는 '생산하는 소비자'를 뜻하는 '프로슈머', 태양열 패널로 소비자가 직접 에너지를 생산하도록 촉진하는 것도 필요하다.

재생에너지는 빈곤, 부채, 추위로 인한 심각한 건강 문제와 사회적 결과의 악순환을 끊을 수 있다.

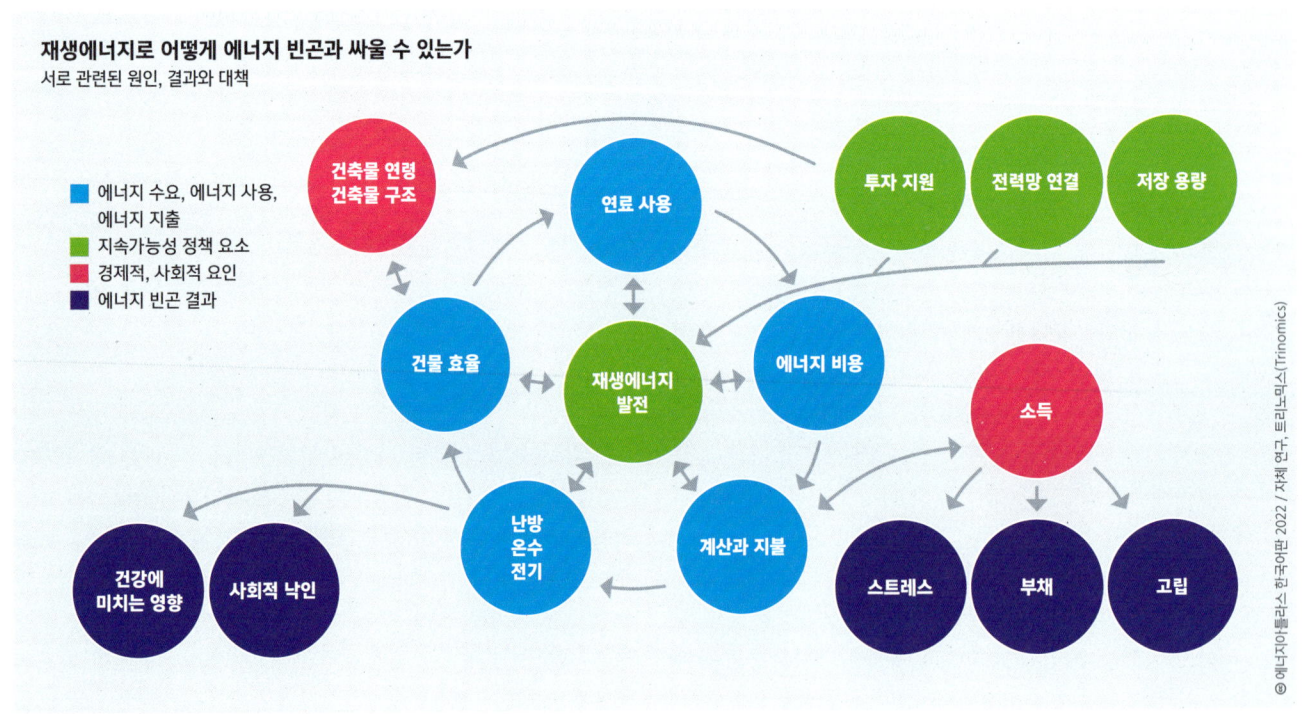

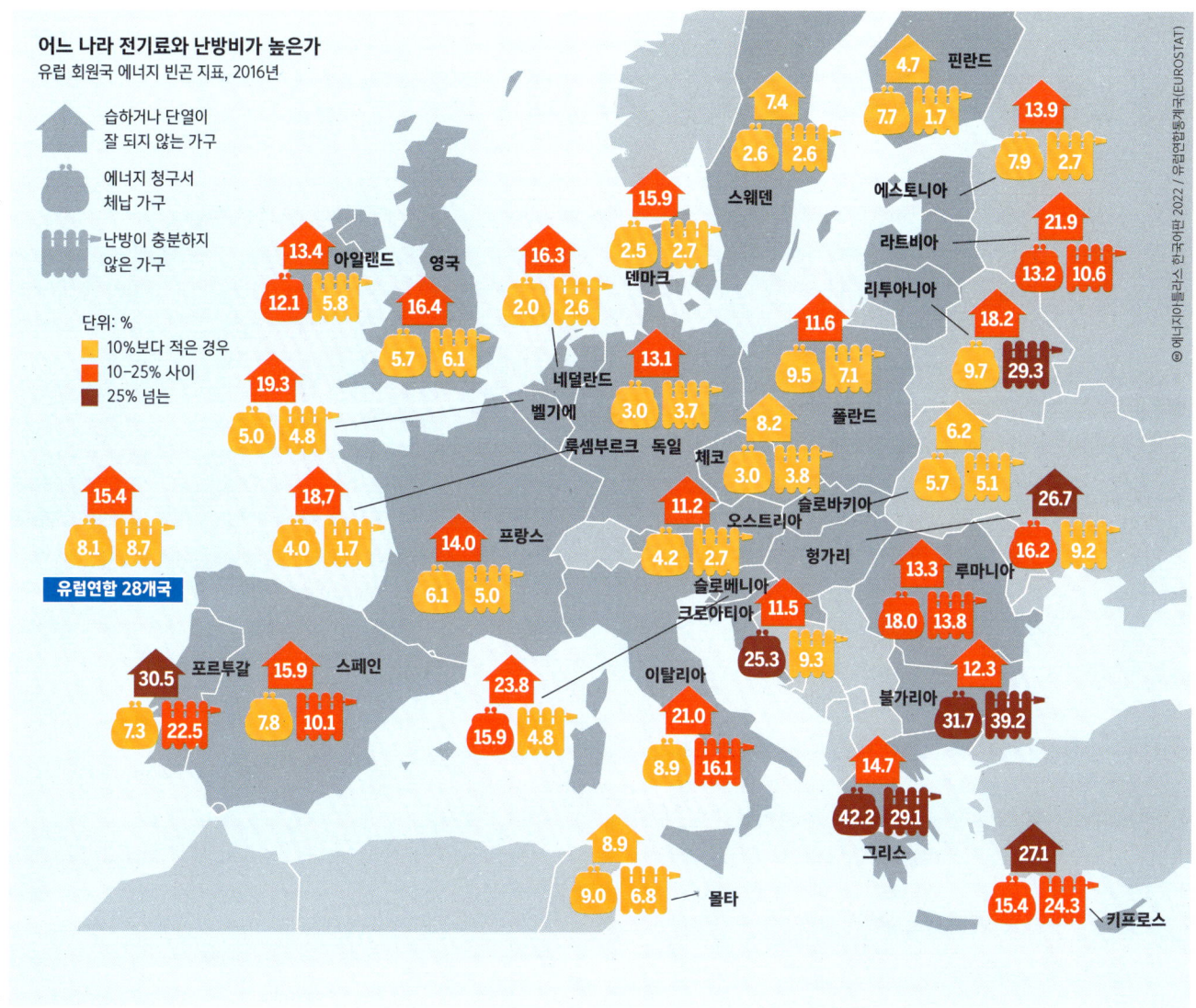

유럽연합의 에너지 빈곤은 매우 불규칙하게 분포돼 있다. 불가리아는 스웨덴보다 에너지 빈곤 지수가 10배 넘는다.

　이 개념은 기술을 통한 접근에서 사회적 접근에 이르기까지 매우 넓다. 프랑스 '피카르디 파스 리노바시옹(Picardie Pass Rénovation)'은 건축물의 개량과 현대화 계획이다. 예상되는 절감액은 건축의 에너지 효율 개선 비용으로 쓴다. 파리에 본부를 둔 에너지 협동조합인 '레자미 데네르쿱(Les Amis d'Enercoop)'은 에너지 빈곤 퇴치에 힘쓰는 지역 사업을 지원하기 위해 회원들의 에너지 비용을 토대로 모금 활동을 한다. 카탈루냐 협동조합인 '솜 에너기아(Som Energia)' 회원은 소득이 낮은 소비자의 전기 요금 일부를 지원하기 위해 보조금을 지불한다.

　하지만 2016년 유럽연합에서 제안했던, 에너지 빈곤 퇴치를 위한 청정에너지 전략 방향에는 여전히 불확실성이 남아 있다. 이 전략이 기후변화 또는 사회문제 해결에 관한 것인지, 위험에 처한 사람들을 도울 수 있는지, 경제적으로 의미 있으면서 사회적으로도 매력 있을지 여전히 의문이다.

　에너지 전환 논의에서 에너지 빈곤을 심각하게 받아들인다면, 청정에너지통합법에서 제안된 조치와 목표를 수정해야 한다. 이 조치와 목표는 유럽연합 국가들의 다양한 경제, 사회 상황을 고려해야 한다. 유럽연합 집행위원회는 에너지 효율을 높이는 것뿐 아니라 사회 정치면에서도 개선하려고 노력하지만 충분하지 않다. 현재와 달리 미래에 에너지를 어떻게 생산하고 소비할 것인지를 내다보는 것도 필요하다. 분산화, 디지털화뿐만 아니라 재생에너지 공급의 변동성을 반영해 설계하고, 연결망을 통해 분배하는 것까지 고려해야 한다. 그리고 생산자이자 공급자이며 공동 소유자인 소비자와 함께 이 일을 수행해야 한다. 이것은 다시 에너지 비용 부담을 줄이는 데 기여할 것이다.

　시민들이 직접 에너지를 생산해 사용하는 지역사회 프로젝트는 유럽 에너지 전환에서 반드시 필요하다. 이는 에너지 빈곤의 두 가지 주요 원인인 낮은 가계 소득과 높은 에너지 비용 문제를 해결할 것이다. 재생에너지 비용이 줄어들면 전기 요금이 낮아질 것이며, 시민들은 함께 더 적절한 가격을 위해 협상할 수 있다. 또한 지방자치단체의 에너지 사업은 지방정부의 소득원이 될 수 있으며, 이는 지방정부의 사회 정책 사업의 재원으로 활용될 수 있을 것이다. ●

부문 결합

에너지 전환에서 가장 중요한 것

현재 냉난방과 수송 부문에 많은 양의 화석연료를 쓰고 있다. 이 부문을 발전과 결합하면 태양과 풍력 에너지 생산의 변동성 문제를 해결할 수 있다.

재생에너지의 발전은 지난 10년 동안 주목할 만한 성장을 보여줬다. 유럽연합은 재생에너지로 생산하는 전력 비중이 2006년과 2016년 사이 평균 5.3퍼센트 증가했고 일부 지역은 10년 사이 67퍼센트가 늘었다. 2016년 새로운 발전설비 용량 가운데 90퍼센트 남짓은 풍력과 태양에너지 같은 재생에너지원에서 나왔다. 이와 반대로 석유, 석탄과 가스는 운송, 난방과 냉각 부문에서 큰 비중을 차지한다. 이 부문에서 재생에너지를 확대하려는 노력은 거의 성공하지 못했다. 유럽연합이 온실가스 배출량을 2030년까지 1990년에 비교해 적어도 40퍼센트 줄이고 파리기후변화협약에 따른 의무를 이행하려면 갈 길은 여전히 멀다.

재생에너지의 설비 용량은 눈에 띄게 늘어났지만, 재래식 에너지의 설비 용량은 사실상 변하지 않았다. 재래식 발전소는 '기저부하' 전력 수요가 최소일 때도 24시간 일정하게 유지되는 전력 생산에 맞춰져 있다. 제품 생산 설비나 공장을 건설하는 '산업 플랜트' 같은 영역의 전력 수요와 관련이 있다. 이는 빠른 시간 안에 작동을 멈출 수 없다. 반면 태양과 바람이 생산하는 에너지양은 끊임없이 변한다. 날씨에 영향 받기 때문이다. 태양 전지 같은 태양광 집광판은 밤에는 쓸모가 없다. 그러나 재생 에너지원에서 나오는 전력 비중이 늘면서 나머지 에너지 체계의 유연성이 점점 더 중요해지고 있다. 수요와 공급의 변동에 신속하게 대응해야 하며 동시에 전력망은 안정되게 유지해야 한다.

핵심은 '부문 결합'이다. 이는 전기, 수송과 열 부문의 결합을 뜻한다. 수송 부문은 교통을 담당하고, 열 부문은 난방과 냉각을 책임진다. 남는 전력은 주택 난방, 지역난방 연결망에 열을 저장하고, 산업용 냉각 체계와 전기자동차 배터리 충전에 쓸 수 있게 한다. 모두 동시에 진행될 수 있다. 부문 결합을 통해 석탄과 가스 소비가 줄면 온실가스 배출량을 0까지 줄일 수 있다. 2050년까지 차량 80퍼센트를 전기차로 바꾸는 것만으로도 배출량은 2억 5,500만 톤이 줄어든다. 이러한 투자는 재래식 발전 용량에 대한 수요를 줄인다. 또한 낡은 시설을 유지하거나 새로운 시설을 짓는 데 드는 비용과 비교돼야 한다.

재생에너지는 화석연료를 완전히 대체할 수 있다.
경작지에서 나오는 바이오 연료는
멀리 보면 미래를 위한 에너지가 아니다.

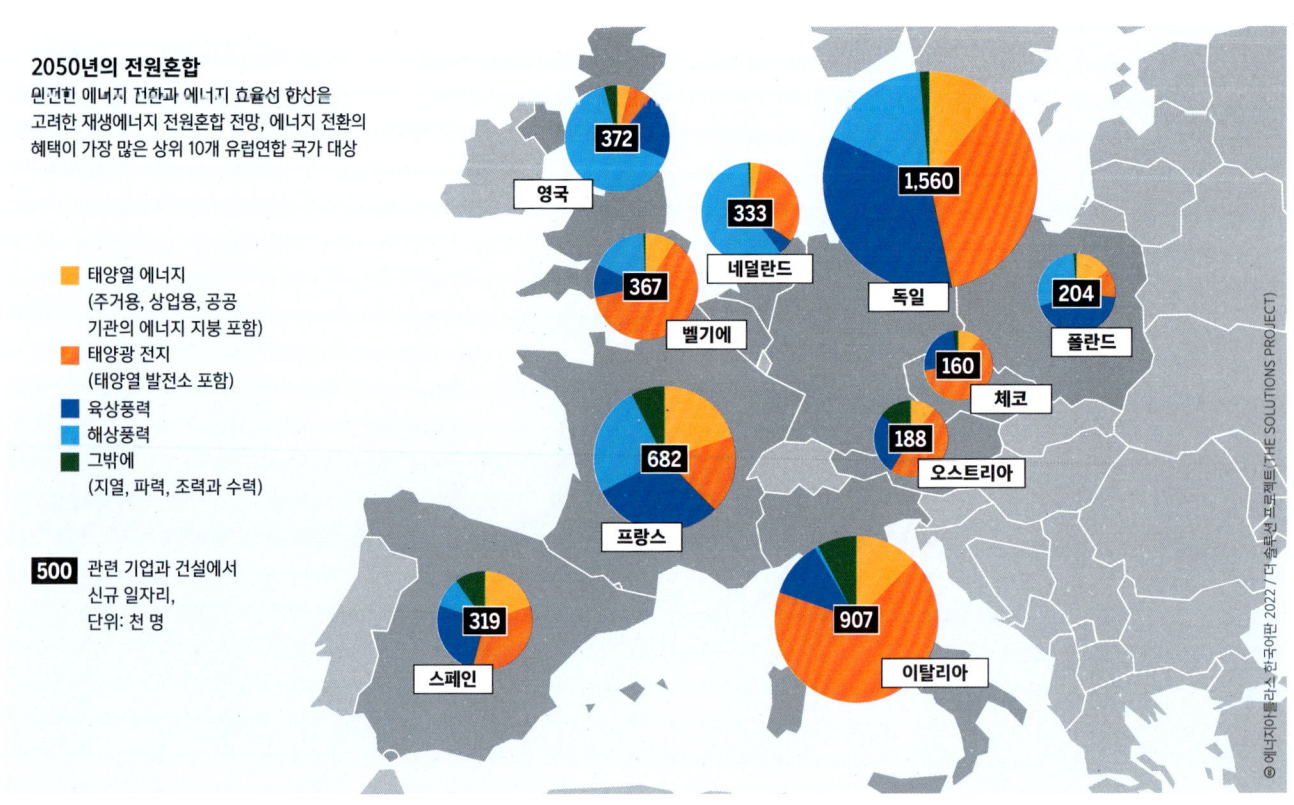

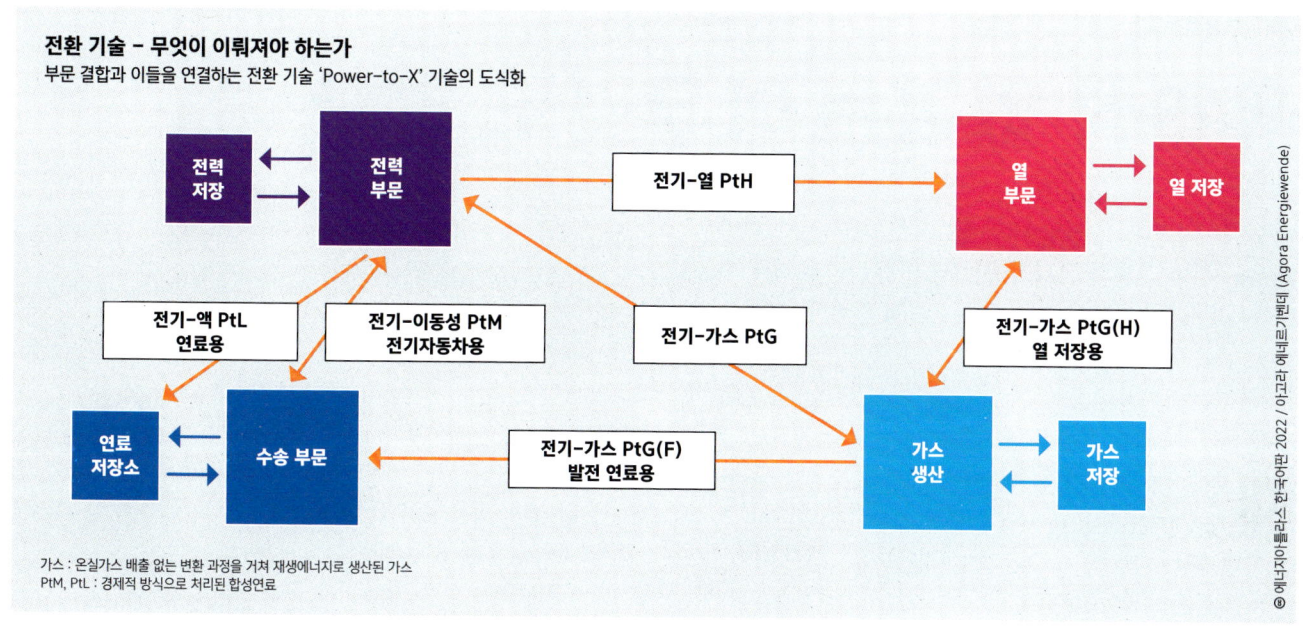

전환 기술 – 무엇이 이뤄져야 하는가
부문 결합과 이들을 연결하는 전환 기술 'Power-to-X' 기술의 도식화

가스 : 온실가스 배출 없는 변환 과정을 거쳐 재생에너지로 생산된 가스
PtM, PtL : 경제적 방식으로 처리된 합성연료

부문 결합을 경제적으로 만들기위해서는 최종 사용자가 내는 전기 가격이 실제 수요와 공급을 반영해야 한다. 전기가 너무 많이 생산됐을 때 전기 가격은 내려가야 하며, 전기가 부족할 때 전기 가격은 올라가야 한다. 실상은 이와 다르다. 오늘날 가정에서는 수요가 줄어드는 밤이나 휴가 기간, 심지어는 산업 생산이 줄었을 때도 항상 같은 전기 요금을 내고 있다. 이 시기는 전력 도매시장에서 전력 거래 가격이 거의 0이거나 심지어 마이너스로 내려가는데, 이는 발전소 운영자가 전력을 전력망에 공급하기 위한 사실상 비용지출을 뜻한다. 차라리 이때 일부 발전소가 운영을 멈추는 것이 되레 적절한 선택일 것이다. 하지만 이는 기술 측면에서 가능한 일이 아니다.

지금까지 열, 전기, 수송 부문에서 배출량을 줄이려는 전략들을 저마다 별도로 세웠다. 그러나 지난 몇 년 사이 통합 접근법에 대한 관심이 늘었다. 수송 부문은 남은 에너지를 전기자동차 배터리에 저장해 휘발유 또는 디젤을 대체할 수 있다. 열과 냉각을 전기 부문과 결합하면 전동화와 기술 혁신이 뒤따라올 것이다. 세계 대부분 지역에서 개인 주거용 건물은 석탄, 가스 또는 질 낮은 연료로 난방을 한다. 가스 연결망을 쓸 수 없고 지역난방이 너무 비쌀 때, 전기화는 많은 경우 거의 유일한 대안이 될 수 있다.

재생에너지원 전기로 열을 만들어내는 전기-열 전환 기술 같은 새로운 기술도 유용할 것이다. 하이브리드 난방 체계는 전기 말고도 석탄, 목재 또는 가스를 쓸 수 있다. 맑고 바람이 많이 부는 날에는 재생에너지원 전력 생산량이 많다. 태양열과 풍력 발전량이 많은 국가는 새로운 접근으로 난방용 전기가 빠르게 확산하고 있다. 화석연료는 그 밖의 수요를 위해서만 필요하다.

완전한 에너지 전환은 '현행대로' 하는 것 보다 조금 더 비싸다. 하지만 그로 인한 다른 부분의 이익이 매우 크다.

부문 결합은 유럽연합에서 온실가스 배출을 최소 80퍼센트까지 줄이거나 100퍼센트 줄이는 주요 수단이다.

히트 펌프, 전기자동차, 전기-열 전환 기술, 소규모 수요 관리 같은 혁신 기술을 통해 재생에너지로 전환하려면 부문 결합이 필요하다. 부문 결합은 에너지 체계를 더 유연하게 하고 에너지 안전성을 강화한다. 새로운 발전소는 덜 필요하게 되고 가장 오래되고 오염을 일으키는 발전소는 폐쇄될 수 있다. 생태적 비용뿐 아니라 경제 비용 또한 줄어든다. ●

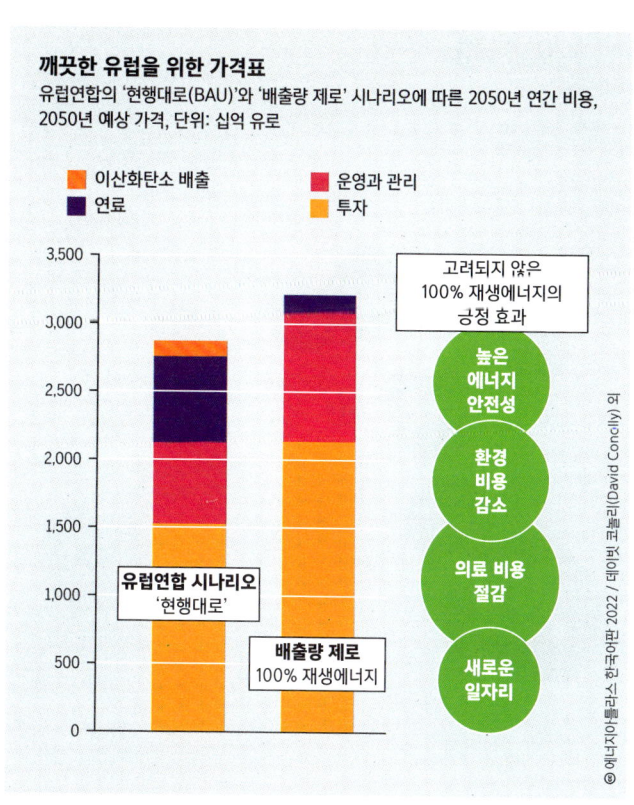

깨끗한 유럽을 위한 가격표
유럽연합의 '현행대로(BAU)'와 '배출량 제로' 시나리오에 따른 2050년 연간 비용, 2050년 예상 가격, 단위: 십억 유로

전기에너지
유연성 없이는 아무것도 없다

재생에너지 전환은 땅을 태양 전지로 덮거나 풍력 터빈을 세우는 것이 전부가 아니다. 전력망은 전력시장에서 수요와 공급의 균형을 위해 조심스럽게 관리해야 한다. 쉬운 일은 아니다.

재생에너지는 유럽 전원혼합에서 점점 더 중요한 역할을 하고 있다. 향상된 기술 덕분에 전력시장과 기상 조건이 잘 맞을 때는 바람과 태양에너지가 전력 생산에서 가장 많은 양을 차지한다. 해상풍력 단지 같은 기술이 까다로운 사업도 '발전차액지원제도(FIT)'에 의존하지 않으면서 자체 재정에서 시중 가격으로 조달할 수 있다.

하지만 유럽의 완전한 에너지 전환은 하루 아침에 일어나지 않는다. 수요와 공급의 변동에 대응하려면 적절한 체계가 필요하다. 그래야 재생에너지가 전체 전원혼합에서 더 많은 부분을 차지할 수 있다.

화석연료와는 반대로 풍력 터빈과 태양광 발전소는 천연자원을 소비하지도 않고 이산화탄소를 배출하지도 않는다. 또한 운영과 유지 보수에 드는 비용이 대체로 낮다. 이러한 발전소는 화석연료를 쓰는 발전소보다 더 낮은 가격으로 전력을 제공할 수 있다. 가장 저렴한 생산업체를 통해 가장 먼저 전력망에 전력을 공급할 수 있다.

그러나 이는 전력시장에 몇 가지 문제를 불러온다. 바람이 많이 불고 맑은 날에는 풍력 터빈과 태양광 체계가 전력망에 많은 전력을 공급해 전기 가격이 생산 비용보다 낮아진다. 하지만 바람이 불지 않는 날이나 밤에는 전력 공급 부족을 충당하기 위해 저장 공간을 충분히 확보하거나 다른 에너지원을 활성화해야 한다.

따라서 유럽연합 집행위원회와 많은 유럽연합 회원국들은 기존 전력시장에 추가로 새로운 수단을 개발하거나 도입하는 것을 고려하고 있다. 한 예로 '용량경매제도'가 있다. 이는 평소보다 더 많은 전력이 필요할 때를 대비해 예비전력 용량을 늘 보유할 발전소를 선정하는 제도다. 경매에서 가장 알맞은 전력 가격을 제시한 공급자(발전소)가 낙찰 받는다. 이 발전소는 추가로 전력이 필요하면 짧은 시간 안에 안정된 전기를 공급할 수 있도록 시설을 유지한다.

또한 의무 예비용량을 거래하는 것도 가능하다. 전력 공급사는 이러한 예비 용량을 당일 가격으로 사거나 판매한다. 유럽연합 안에서 국가들이 서로 전력을 거래하는 것은 멀리 떨어져 있는 수요와 공급을 연결할 수 있게 한다.

이러한 조치는 전력 생산과 에너지 저장 시설 운영자에게 추가 수익을 얻게 할 것이다. 만약 이들이 에너지 전환에 적극 나선다면, 그에 대한 투자는 용량 기반의 요금 제도로 해야 한다. 그래야만 태양에너지와 풍력에너지의 비율이 높은 에너지 체계를 운영할 수 있게 된다. 이러한 요금 제도가 화석연료나 핵발전소 같은 불필요한 시설에 보조해서는 안 된다. 현재 독일, 프랑스, 스칸디나비아반도와 영국을 포함한 13개 유럽 국가에서 용량요금을 부담하고 있다.

또한 가정에서 쓰는 에너지양을 조절해 전력망을 안정시킬 수 있다. 가령 전력이 필요할 때 더 적은 전기를 소비하는 소비자를 모으는 것이다. '수요관리 사업자'라는 회사는 이런 소

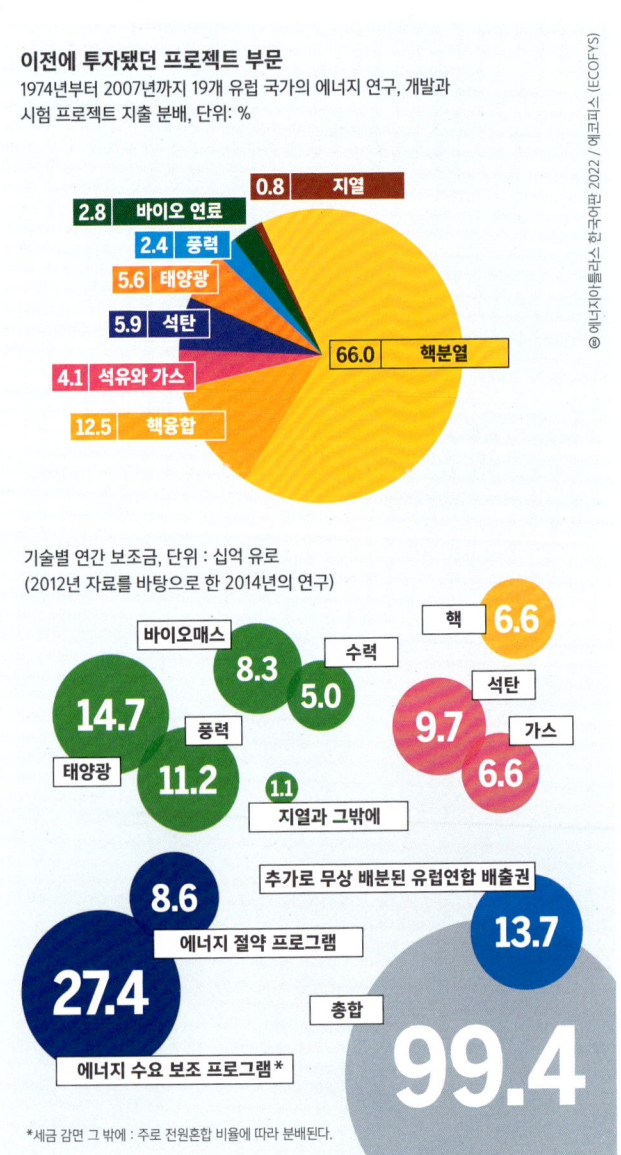

핵 발전과 석탄을 위해 여전히 사용되는 비용 : 이 연구는 과거의 연구 비용과 현재의 보조금을 계산했다.

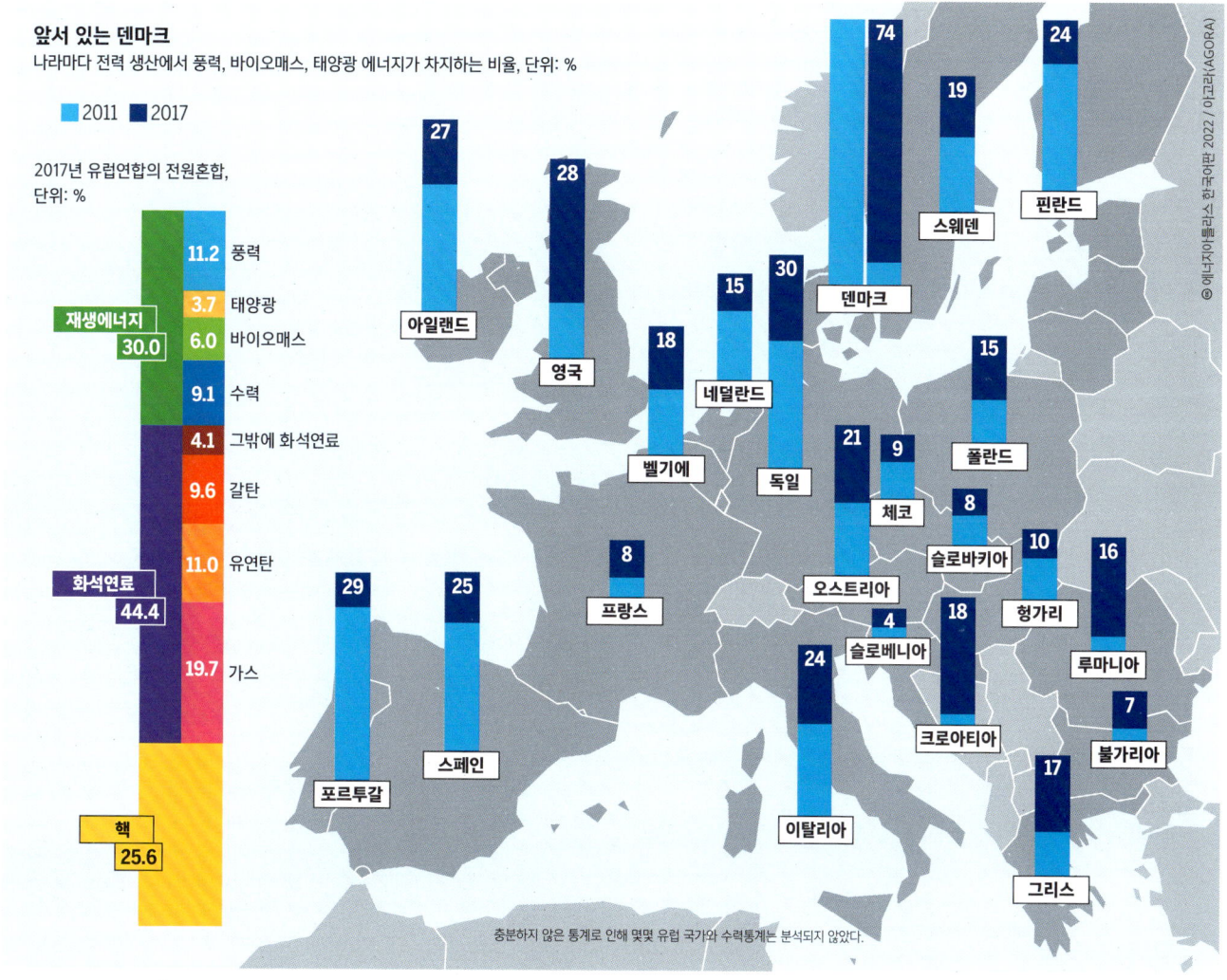

비자 집단을 전력망 운영자에게 연결할 수 있다.

예를 들어, 바람이 없고 흐린 날처럼 풍력과 태양광 발전기가 작동하지 않는 병목 현상이 발생하면, 전력망 사업자는 소비자들의 전력 수요를 줄일 수 있다. 날씨가 맑고 바람이 부는 날에는 기계와 장비를 작동시켜 소비자 집단인 가정의 에너지 소비량을 늘릴 수 있다.

이러한 '수요 반응'은 전력 공급 체계의 탄소발자국을 줄이고 동시에 전력 체계 유연성을 높일 수 있다. 여기에 속한 소비자는 기존 발전 체계보다 더 빨리 전력 소비를 변경할 수 있기 때문이다.

배터리 체계와 전기보일러는 전력시장의 수요 공급을 조절하기에 가장 높은 잠재력을 가지고 있다. 배터리 체계는 전력이 풍부하고 저렴할 때 충전한 뒤 전력이 부족하고 비싸지면 전력망으로 다시 송출할 수 있다. 보일러는 전기를 온수 형태로 저장해 지역난방 연결망에서 싸고 깨끗한 열원으로 쓸 수 있다. 추가로 뜨거운 물은 오랫동안 쉽고 경제적으로 저장할 수 있다. 공급 변동성을 보충하기 위한 또 다른 접근법, 바람이 많이 부는 북해 같은 주요 지역과 전력을 많이 공급해야 하는 주요 내륙 도시 사이 새로운 송전선을 구축하는 것이다.

재생에너지의 생산과 유통 조건을 최대한 활용하려면 유럽 국가들 전력망이 서로 연결된 하나의 큰 전력망으로 결합해

핵발전은 전원혼합에서 이미 다른 에너지원에 추월당했다. 화석연료는 여전히 전력 생산에서 가장 큰 비중을 차지한다.

야 한다. 모든 나라 전력망은 이미 서로 연결돼 있다. 따라서 나라들이 서로 전기 교역을 할 수 있다. 하지만 전력망의 견고함과 용량은 나라마다 크게 다르다. 북서부 유럽과 스칸디나비아에서는 국경 너머로 선기를 보낼 수 있으며 이들 나라의 전기 가격을 조정할 수 있다.

하지만 프랑스와 스페인의 장거리 송전선로는 국가 전력망 용량 가운데 10퍼센트에 채 미치지 못한다. 유럽연합의 목표는 유럽연합 전역에서 가까운 전력망으로부터 전력을 수급할 수 있도록 하는 것이다.

에너지 체계를 올바르게 설계하면 전력 공급의 안정성을 위협하지 않으면서도 재생에너지의 모든 잠재력을 활용할 수 있다. 여기에는 생산자와 소비자를 연결하는 전력망을 위한 새로운 기술 규격, 공급의 어려움을 보충할 수 있는 시장 개혁과 탄소 거래 체계 개혁이 포함된다. 대량 생산자와 소비자 사이 그리고 나라들을 잇는 새로운 송전선로가 필요하다. 이 모든 것은 막대한 투자와 정치 의지가 뒤따라야 한다. ●

이동 수단

변화하는 도시의 미래

끝없는 차량 정체는 깨끗하고 효율성 있는 수송 체계가 얼마나 필요한지를 보여준다. 합리적인 교통 정책을 개발하려면 검증된 접근법과 신기술을 결합해야 한다.

유럽연합의 이산화탄소 배출량 4분의 1은 수송 부문에서 발생한다. 수송 부문은 1990년 뒤로 20퍼센트 늘었다. 2011년 유럽연합은 온실가스 배출량을 2050년까지 1990년과 비교해 60퍼센트 줄이겠다고 발표했다. 이를 위해 앞으로 30년 동안 배출량을 최소한 3분의 2 정도 더 줄여야 한다.

유럽 집행위원회는 두 가지 접근법을 제시한다. 첫 번째는 효율성 있는 수송 체계를 만드는 것이다. 차량을 더욱 잘 활용하고, 철도, 지하철, 내륙 수로 선박 같은 대용량 운송 수단을 더 많이 활용하는 것이다. 하지만 이를 뒷받침하는 조치는 수년 동안 부족했다. 있었다고 해도 온실가스 배출량을 줄이는 데 크게 기여하지 못했다.

두 번째는 배출가스 등급이 낮은 차량과 저탄소 연료를 쓰는 것이다. 이는 수송 부문 탈탄소화에 더 기여할 수 있다. (전기자동차는 이미 상용화됐고 앞으로 더욱 진전된 기술이 적용될 것이다. *편집자 주)

청정에너지원은 농업 폐기물에서 나온 바이오 연료와 풍력, 태양광 에너지에서 만들어지는 합성 연료를 말한다. 하지만 수송 부문에서 청정에너지원은 화석연료보다 구하기 어렵고 비싸다. 이런 이유 탓에 현재 자동차, 배송 차량, 트럭, 선박과 항공기의 에너지 효율을 높이려는 노력에 우선 집중하고 있다.

지속가능한 교통을 위해 유럽이 40년 동안 실행한 노력은 어떤 정책이 작동하고 어떤 정책이 작동하지 않는지를 보여줬다. 정책 결정권자들은 심각한 손해를 피하려고 많은 환상을 만들어냈다. 산업체와 자발적 협약, 노선 단축 계획, 도로와 항공 교통을 고려한 유인책, 트럭의 높은 적재율은 이룰 수 없는 바람에 불과했다.

이 계획들은 수송 부문 성장의 주요 원동력이 거의 고려되지 않았기 때문에 실패했다. 이동 수단은 많은 사람들이 빠르게 여행하기를 원했기 때문에 눈에 띄게 성장했다. 정책 결정권자들은 이를 막는 대신 더욱 빠른 교통수단에 주목해서 자동차 운전을 지원했다.

항공 교통은 자동차 교통보다 더 먼 거리를 더 빨리 이동할 수 있어 훨씬 빠르게 성장하고 있다. 화물 운송은 경제 자유화와 세계화, 운송비용 감소로 가파르게 성장했다. 예를 들어 화물 운송비용은 1950년과 비교해 오늘날 80퍼센트 저렴해졌다.

정책이 수송 부문을 뒷받침한 결과, 공급망은 넓어지고 화물 운송은 늘었다. 하지만 도로 교통에 최적화된 기반 시설의 개발은 동시에 철도와 내륙 수로 운송의 전망을 어둡게 했다. 이제 정치가 깨끗한 기술과 연료를 위해 나서야 한다. 더 나은 도시화 정책과 가격 정책을 지지하고 추구해야 한다.

자동차와 트럭에 대한 이산화탄소 배출량 기준은 더 강화돼야 한다. 현재 유럽에서 새로 생산된 자동차의 평균 배출량은 킬로미터마다 120그램인데 2040년까지 50그램 아래로 줄여야 한다.

자동차 제조업체가 배출량 실험을 조작한 '디젤게이트' 스캔들은 배출량 표준이 반드시 시행돼야 한다는 것을 보여줬다. 노르웨이, 프랑스, 영국이 발표한 가솔린과 디젤 자동차 판매

미래에는 자동차들이 전력망에 연결되는 것이 아니라 전력망 속에 있게 될 것이다. 전기자동차 배터리는 최대전력 부하 발생을 막는다.

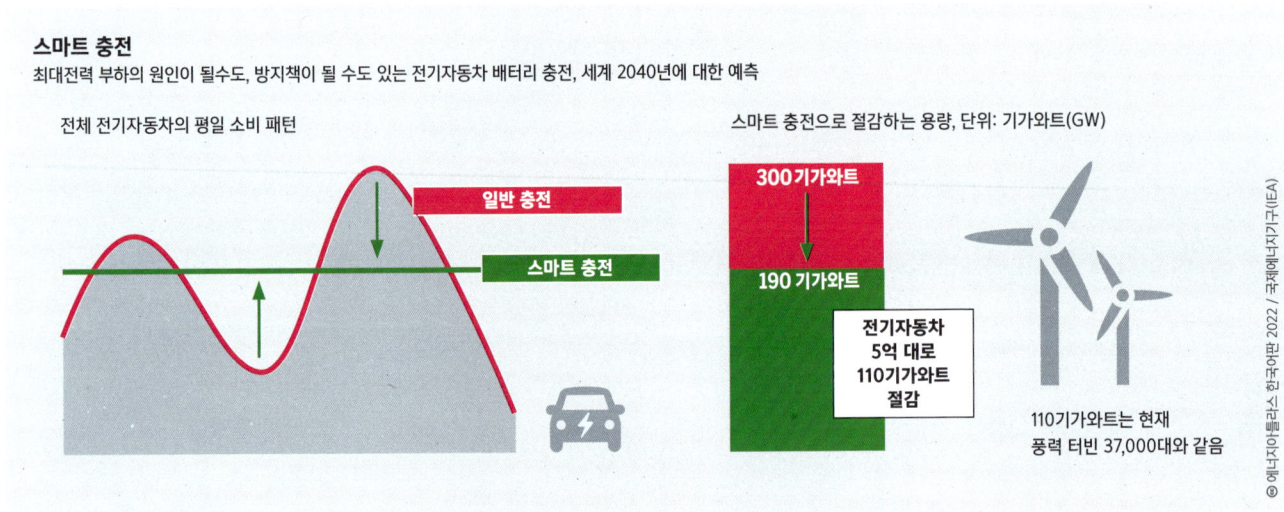

스마트 충전
최대전력 부하의 원인이 될수도, 방지책이 될 수도 있는 전기자동차 배터리 충전, 세계 2040년에 대한 예측

전체 전기자동차의 평일 소비 패턴 — 일반 충전 / 스마트 충전

스마트 충전으로 절감하는 용량, 단위: 기가와트(GW)
300 기가와트 → 190 기가와트
전기자동차 5억 대로 110기가와트 절감

110기가와트는 현재 풍력 터빈 37,000대와 같음

오염을 일으키는 교통 수단 대신 깨끗한 이동 수단을
영리하게 설계된 지속가능한 도시로 가는 몇 가지 행동 방안

- 익명성이 보장되는 교통상황 모니터링
- 사용처에서 직접 에너지를 생산하는 태양광 지붕
- 배터리 연구와 생산 시설
- 수요 관리를 통한 교통량 통제
- 매력 있는 보행자 도로와 자전거 도로
- 노면전차와 전기 버스
- 대중교통의 연장인 자율 주행 차량
- 개인용 차량을 위한 배터리 충전소

금지 조치 또한 도움이 될 것이다. 트럭, 선박과 항공기에 대해 강화된 배출량 기준은 배출량을 크게 줄일 수 있는 방법이다. 수송 부문에서 쓰는 연료 표준은 전기, 합성 연료와 수소가 재생에너지원으로부터 생산된다는 것을 보증해야 한다. 수송 관련 온실가스를 줄이는 다른 방법으로는 스마트 도시화가 있다.

예를 들어 도시 안에서 자동차가 주행하는 거리는 도시가 아닌 곳과 비교했을 때 3분의 1밖에 되지 않는다. 도시 안에서는 대중교통을 이용하는 보행자와 자전거 이용자 비율이 훨씬 높기 때문에 에너지 소비가 3분의 1 더 적다.

따라서 도시 확장보다는 도시 압축이 지속가능한 교통에 기여할 것이다. 이는 도시 확장을 억제하고 주거, 직장, 상업 같은 일상 도시 기능을 가능한 한 기존 시내에 가져와 주거 밀도와 토지 효율성을 높이는 도시 계획이다. 이를 '압축 도시(Compact City)'라고도 한다. 압축 도시는 도시에 레일을 따라 운행하는 노면 전차와 자전거 도로를 통해 더 촉진될 것이다.

또한 세금과 수수료도 정부가 저탄소 교통을 달성하기 위한 중요한 도구다. 특히 주차 요금과 통행료는 대도시 혼잡구역을 고려해 책정해야 한다. 국가 차원에서 자동차세와 연료세를 환경에 미치는 영향에 따라 차등 설정하면 이산화탄소 배출을 줄일 수 있을 것이다. 항구와 공항 이용 세금은 도착하는 선박과 항공기마다 환경 영향에 따라 산정해야 한다.

전체 연료와 이산화탄소에 대한 세금 인상은 육상, 항공과 해상 수송 수단의 에너지 효율을 높일 것이다. 이용자들이 기반시설 비용과 사회적 비용을 지불해야 한다는 사회적 합의가 필요하다. 트럭에 킬로미터마다 수수료를 적용하면 물류 체계 효율성이 높아질 것이다. 끝으로 유럽 전역을 아우르는 항공세와 공항세를 도입해 오늘날 항공세 면제 제도를 고쳐야 한다.

이러한 전략들은 다양한 나라에서 실행되고 있다. 문제는 이 전략들을 모든 유럽연합 회원국과 유럽 차원에서 적용하는 데 있다. 결국 저탄소 기술은 더 빨리 상용화될 것이며, 점점 더 개선될 것이다. 용감한 정치인들이 수송 분야 이산화탄소 배출량 감축에 핵심 역할을 한다. 환경 기준을 세우고 세제 혜택을 마련하며, 공공과 민간 운송 체계를 저렴하고 더 좋게 개선하기 위한 투자를 결정한다.

하지만 무엇보다 도시에 거주하는 사람들이 깨끗한 이동 수단에 대해 지금보다는 더 큰 비용을 지불해야 한다는 것을 받아들여야 한다. ●

> 전기에너지와 통신망은 도시 거주자가 필요로 하는 이동의 두 가지 핵심 기술이다.

냉난방
새로운 온도계

**유럽 날씨는 대개 너무 춥거나 너무 덥다.
난방과 냉방에 많은 에너지를 쓴다. 새로운 기술과
더 나은 정치적 전략은 에너지 효율을 높이고
온실가스 배출 비용을 낮출 수 있다.**

유럽은 에너지 수요 가운데 냉난방이 거의 50퍼센트에 달한다. 난방은 주거용 수요도 크지만 산업용이 가장 큰 부분을 차지한다. 화석연료가 여전히 압도할 만큼 비중이 높다. 2016년 냉난방용 에너지 가운데 재생에너지는 단지 18.6퍼센트였다.

하지만 유럽연합은 재생에너지 열 생산에서 세계 선두다. 스웨덴이 이 분야에서 재생에너지 비중이 가장 크다. 냉난방 전원혼합에서 재생에너지는 68.6퍼센트를 공급한다. 지역난방 체계에 필요한 에너지 60퍼센트를 바이오매스가 맡고 있다. 덴마크는 2016년 지역난방 39.6퍼센트를 바이오매스와 유기성 폐기물로 생산했다.

냉난방용 에너지 대부분은 화석연료에서 나오기 때문에 이 분야는 유럽 탄소발자국에 큰 영향을 미친다. 지속가능성에 기반을 둔 세 가지 전략이 도움 될 수 있다.

첫째, 화석연료를 재생에너지로 대체하는 전기화다. 둘째, 총 에너지 수요를 줄이기 위해 더 효율성 있는 건물과 고효율 지역난방 연결망을 사용하는 것이다. 셋째, 다양한 재생에너지 기술을 투입하는 것이다. 에너지 효율성은 '청정에너지통합법' 위원회가 2016년 제시한 핵심 사항이다. 건물을 서둘러 개보수하고 건물들에 재생에너지를 더 잘 적용하도록, 연구와 혁신이 더 활발하게 이뤄지도록 보조금을 지원해야 한다.

건물의 탄소발자국은 지리 여건, 사용자 요구, 건물 유형, 전력 공급망, 사용 강도와 빈도, 교통 기반 시설과 건물 증축 가능성 같은 다양한 요인에 달려 있다.

건물의 에너지 효율성은 여러 가지 방법으로 개선할 수 있다. 단열과 자연 환기, 그늘 만드는 식물을 심는 것도 냉난방에 좋은 영향을 미친다. 열 반사 페인트를 칠하거나 태양열 집열판을 설치해 전기나 열을 생산하는 것도 마찬가지다.

적절한 전력 체계를 적용하면 비용을 줄이고 불필요한 에너지 사용량과 이산화탄소 배출량을 줄일 수 있다. '액티브 솔라 하우스'는 다음의 다양한 기술을 결합한다. 태양열 집열판은 열을 저장하는 대형 물탱크를 가열한다. 단열, 제어식 환기와 열 회수는 에너지 손실을 최소화하고 화석연료 사용을 크게 줄인다.

햇빛은 냉난방을 위한 유럽의 지속가능한 재생에너지원 가운데 하나다. 태양열 체계는 직접 열을 생산하거나, 발전소에서 전기를 생산해 필요한 물을 데울 때 쓴다. 산업 공정에 사용하는 증기도 생산한다. 태양광 발전 체계는 햇빛을 직접 전기로 변환한다. 햇빛은 건물의 냉방 체계를 작동하는 데도 쓴다. 현재 유럽연합은 태양열 에너지로 열에너지 20테라와트시(TWh)를 생산하고 있다. 이것은 난방 수요 1퍼센트, 발전 3.3퍼센트 정도를 차지한다.

앞으로 태양열 에너지가 더 많이 쓰일 가능성은 열려 있다. 일부 전문가에 따르면 태양열 에너지는 2030년까지 유럽연합의 난방 수요 4~15퍼센트, 2050년까지 8~47퍼센트를 충당할 수 있다고 한다. 여기서 낮은 수치는 외부 추가 지원이 없는 '현상 유지'의 경우를 뜻한다. 연구와 정책 지원이 더 강력하게 이뤄지면 더 높은 수치에 도달할 수 있을 것이다. 이 경우 태양열은 2030년까지 약 580테라와트시, 2050년까지 약 1,550테라와트시가 될 수 있다.

바이오매스는 난방에 쓰이는 재생에너지 가운데 상당한 비율을 차지한다. 소유가 명확하지 않은 삼림 벌채와 토지 분쟁 같은 위험 요소 때문에 바이오매스에 대한 비판도 있다. 바

사용수명이 지났지만
유럽연합 가정의 노후 보일러와 오븐 비율, 단위: %

- 가스: 22 (통상 사용 기간: 15-20년)
- 전기: 34 (통상 사용 기간: 20-30년)
- 기름: 47 (통상 사용 기간: 20-25년)
- 석탄: 58 (통상 사용 기간: 40-80년)

© 에너지아틀라스 한국어판 2022 / 유럭티브(euractiv)

*녹색 전기로 작동하는 발전용 보일러는
에너지 현대화의 한 방법이다. 이는 노후 발전소들을
대체하고 열저장 체계와 결합할 수 있다.*

뜨거운 유럽
2016년 유럽연합 국가의 일사량과 태양열 집열기
단위: 백만 m²

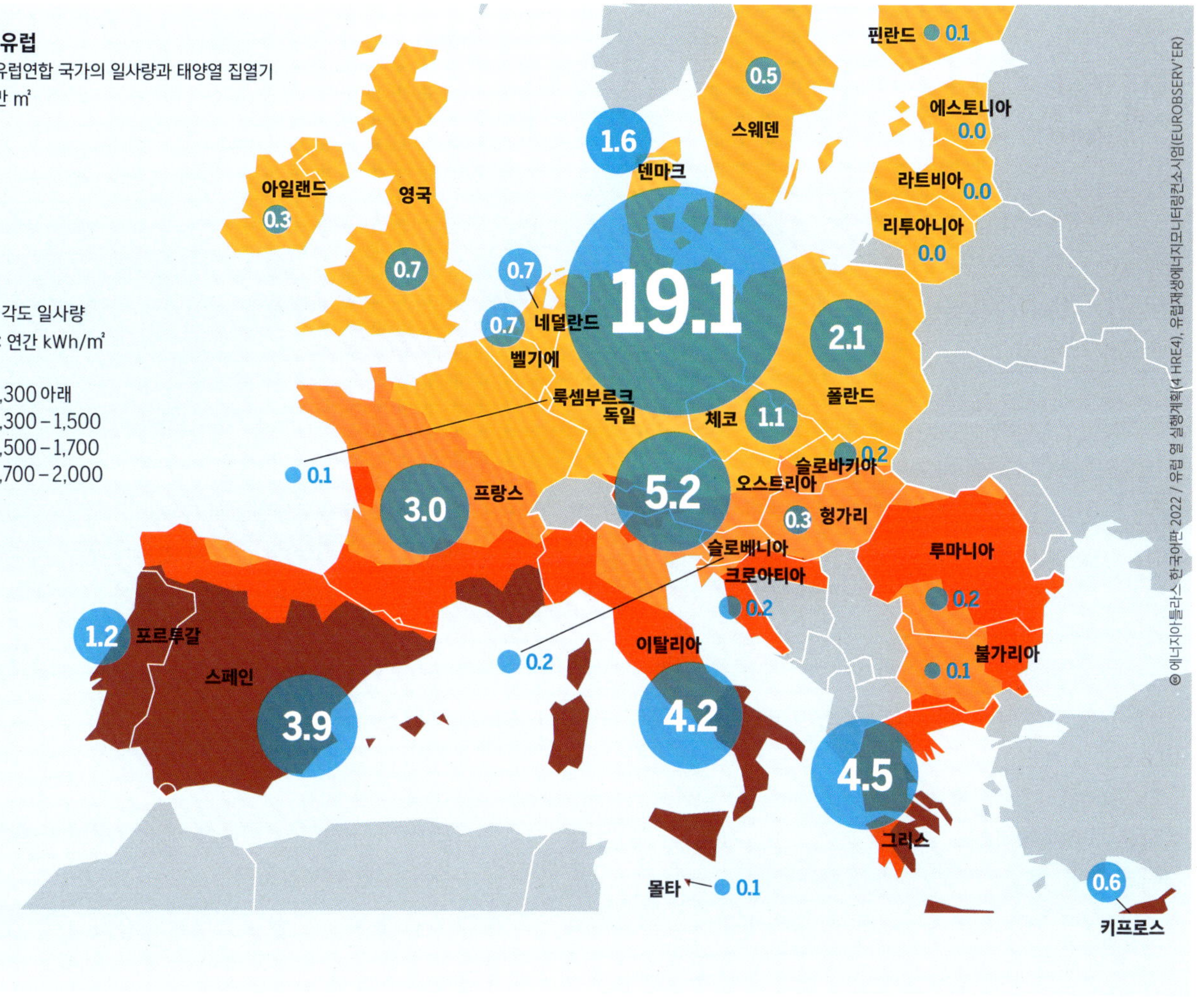

최적 각도 일사량
단위: 연간 kWh/m²
- 1,300 아래
- 1,300 – 1,500
- 1,500 – 1,700
- 1,700 – 2,000

이오매스는 지역에서 생산해야 하며 지속가능성은 생물다양성과 대기오염 방지 차원에서 면밀히 지켜봐야 한다. 바이오매스는 주로 목재다.

유럽연합 전역에서 난방 분야에 쓰는 재생에너지 약 92퍼센트, 주거와 산업 부분 열 생산 약 15퍼센트를 바이오매스가 차지한다. 지열 에너지도 재생에너지에 포함된다. 열펌프를 통해 땅에서 추출한 열로 공기나 물을 데울 수 있다.

새로운 냉난방 기술이 광범위하게 쓰일 때까지 극복해야 할 장애물은 아직 많다. 에너지 소비는 수백만 개 주택과 건물에 분산돼 있다. 개보수는 많은 비용이 든다. 냉난방 부문에서 국가와 지역 시장은 나뉘어 있다. 화석연료는 저렴한데다가 국가의 지원을 받는다. 이런 상황은 재생에너지가 기존 에너지와 경쟁하는 것을 더 어렵게 한다. 유럽연합 회원국들은 여전히 신기술을 정책 우선순위에 두고 지원하지 않고 있다.

유럽연합 집행위원회는 냉난방 부문에서 재생에너지 비중이 늘어야 한다고 말한다. 이 지침은 2030년까지 해마다 1퍼센

*기후변화로 유럽의 난방 에너지
수요는 서서히 줄고
냉방 에너지 수요는 늘고 있다.*

*건물 냉난방용 태양열 에너지에 대한
남유럽의 거대한 잠재력은
아직 거의 사용되지 않고 있다.*

트만 늘리는 것을 목표로 한다. 이는 실제로 효과를 거두기에 충분하지 않다. 하지만 이 전략은 지역 냉난방에서 재생에너지의 중요성을 처음으로 강조한 것이다. 열, 수송과 전력 부문을 결합하는 것이 이 과제의 해결책이 될 수 있다. ●

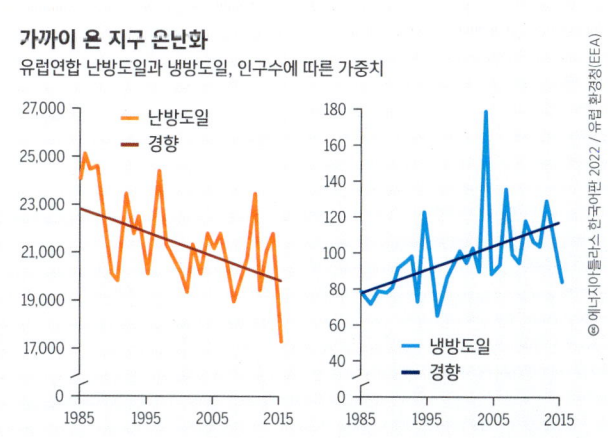

가까이 온 지구 온난화
유럽연합 난방도일과 냉방도일, 인구수에 따른 가중치

도일(degree day)은 냉방과 난방에 필요한 연료 소비량에 대한 기후지수이다. 냉/난방도일은 나라마다 정한 냉/난방일 기준으로부터 편차를 뜻하며, 실내와 야외의 온도에 따라 결정된다.

효율
적은 것으로 더 많이

외풍이 있고 단열이 형편없는 건물, 노후 설비와 가전제품, 에너지가 너무 많이 드는 자동차, 빛보다 열이 더 많이 발생하는 전등. 우리는 너무 많은 에너지를 소비한다. 이제는 변해야만 한다.

오늘날 국민경제와 사회는 에너지 효율에 바탕을 둔다. 거기에 많은 기회가 있다. 국제에너지기구(International Energy Agency, IEA)에 따르면 에너지 효율은 모든 나라가 풍부하게 가진 자원이다. 에너지 효율을 개선하는 것은 에너지 공급을 보장하고 생태와 경제 문제를 해결하는 가장 빠르고 비용 대비 효과가 가장 큰 방법이다.

서비스, 생산과정, 제품과 행동 방식은 에너지를 덜 소비하도록 변화를 이끌고 이를 설계할 수 있다. 여기에는 보다 효율성 높은 산업시설, 더 나은 건물 단열, 더 경제에 이로운 차량, 더 많은 보행자와 자전거 통행량, 그리고 에너지를 낭비하는 전구를 엘이디(LED)로 바꾸는 것이 포함된다.

20년 전 유럽연합은 공동 에너지 정책의 필요성을 인식했다. 1998년 첫 번째 목표는 12년 동안 해마다 1퍼센트씩 에너지 효율을 개선하는 것이었다. 그 뒤 제품, 생산과정, 차량과 건물에 대한 규제와 함께 점차 에너지 효율을 높이도록 전체를 아우르는 법적 틀을 만들었다.

유럽연합 에너지 효율 법안을 통해 2020년까지 해마다 최대 석유 3억 2,600만 톤을 절약했다. 이 가운데 절반은 세탁기와 냉동고 같은 가전제품에 요구하는 최소 에너지 성능 기준과 에너지 소비 표시에서 비롯된다. 나머지 절반은 두 가지 지침에서 나온다. 첫째는 건물 에너지 성능(2010), 둘째는 에너지 효율성 지침(2012)이다.

유럽연합의 에너지 소비는 건물이 40퍼센트를 차지한다. 이는 이산화탄소 배출량 36퍼센트에 해당된다. 2010년 지침에는 정부가 최소 기준을 정하도록 명시했다. 이미 2020년까지 모든 신축 건물은 에너지를 외부 에너지에 거의 의존하지 않고 자급자족하기로 했다. 건물을 매매하거나 임대할 때 에너지 효율과 이산화탄소 배출량을 보여주는 '에너지성능인증서'가 있어야 한다.

2012년 지침에 따라 유럽연합 회원국은 이미 에너지 효율성을 2020년까지 1990년보다 20퍼센트 높이기로 했다. 어떻게 달성할지는 회원국 정부 스스로 최소 기준을 결정할 수 있다. 정부는 에너지 공급업체가 전력망 효율성을 높여 연간 1.5퍼센트를 절약하도록 강제했다.

유럽연합의 에너지 절약 40퍼센트는 이런 정책의 결과이다. 아울러 정부는 더 나은 난방 체계와 단열 지붕, 이중창 설치나 깨끗한 이동수단을 통해 에너지를 절감할 수 있다.

이 지침에 따르면 대기업은 반드시 에너지 소비에 대한 감사를 받아야 하고, 중소기업이 이 조사를 받으면 적절한 보상을 한다. 또한 더 효율성 높은 제품이나 차량 구입에 금융 지원을 하거나 세제 혜택을 주는 정책도 있고, 에너지에 대한 과세도 있다. 이러한 조치는 2010년에서 2015년 사이 유럽연합의 에너지 소비를 10퍼센트 줄이면서 경제는 5퍼센트 성장하는 결과를 가져왔다.

2016년 청정에너지통합법을 통해 유럽연합 집행위원회는 에너지 효율을 에너지 전략 중심에 놓았다. 동시에 노동 시장과 경제 성장에 미친 좋은 효과도 주목받았다. 이 통합법은 2010년과 2012년 지침을 변경하며 규정이 많이 수정됐다.

하지만 2030년까지 에너지 효율성을 통해 에너지 30퍼센트를 절약한다는 목표는 소박하다. 최대한 에너지를 절감해 경제성을 높이고, 파리기후변화협약을 이행하는 데 필요한 수준에는 훨씬 못 미친다.

지금까지 유럽연합 회원국들과 유럽의회의 기후 정책 논의는 온실가스 배출량을 줄이는데 있어 나라마다 다른 '부담의 분담'에 집중해 왔다. 하지만 이제는 더 높은 효율성이라는 이점에 중점을 두고 있다. 이것이 시민들의 실제 변화를 이끌어내고 있다. 시민들에게 더 건강한 주택과 도시, 그리고 교통 체계를 제공하면 소비 습관도 바뀔 것이다. 아울러 더 효율 있는 가전제품이나 에너지 효율 기준에 부합하는 건물 보수 같은 에너지 절약 기술에 더 투자하게 된다.

유럽연합은 세계에서 가장 큰 에너지 수입국이다. 2007년부터 2016년 사이 에너지 수입에만 해마다 약 3,160억 유로를 지출했다. 이 돈은 비민주주의 체제를 지원할 뿐만 아니라 천연자원 채굴로 자연경관 전체를 파괴하는 결과를 낳는다.

또한 석유 운송은 항상 사고가 따른다. 수입에 지출하는 돈은 안전하고 깨끗하며 저렴한 에너지 체계로 전환하는 데 쓰이지 못한다.

그러나 에너지 전환에 성공하면 일자리가 생기고, 투자가 늘어나며 세수가 늘어날 수 있다. 게다가 몇몇 지역은 열악한 전기와 난방 공급을 개선할 수 있다. 이러한 주장은 특히 에너지 효율을 높이는 데 여전히 많은 역할을 할 수 있는 중부유럽과 동유럽에서 공감을 얻고 있다. ●

재생에너지를 확대하는 것뿐 아니라
에너지 효율을 높이는 것도
에너지 전환에 가까이 가는 것이다.

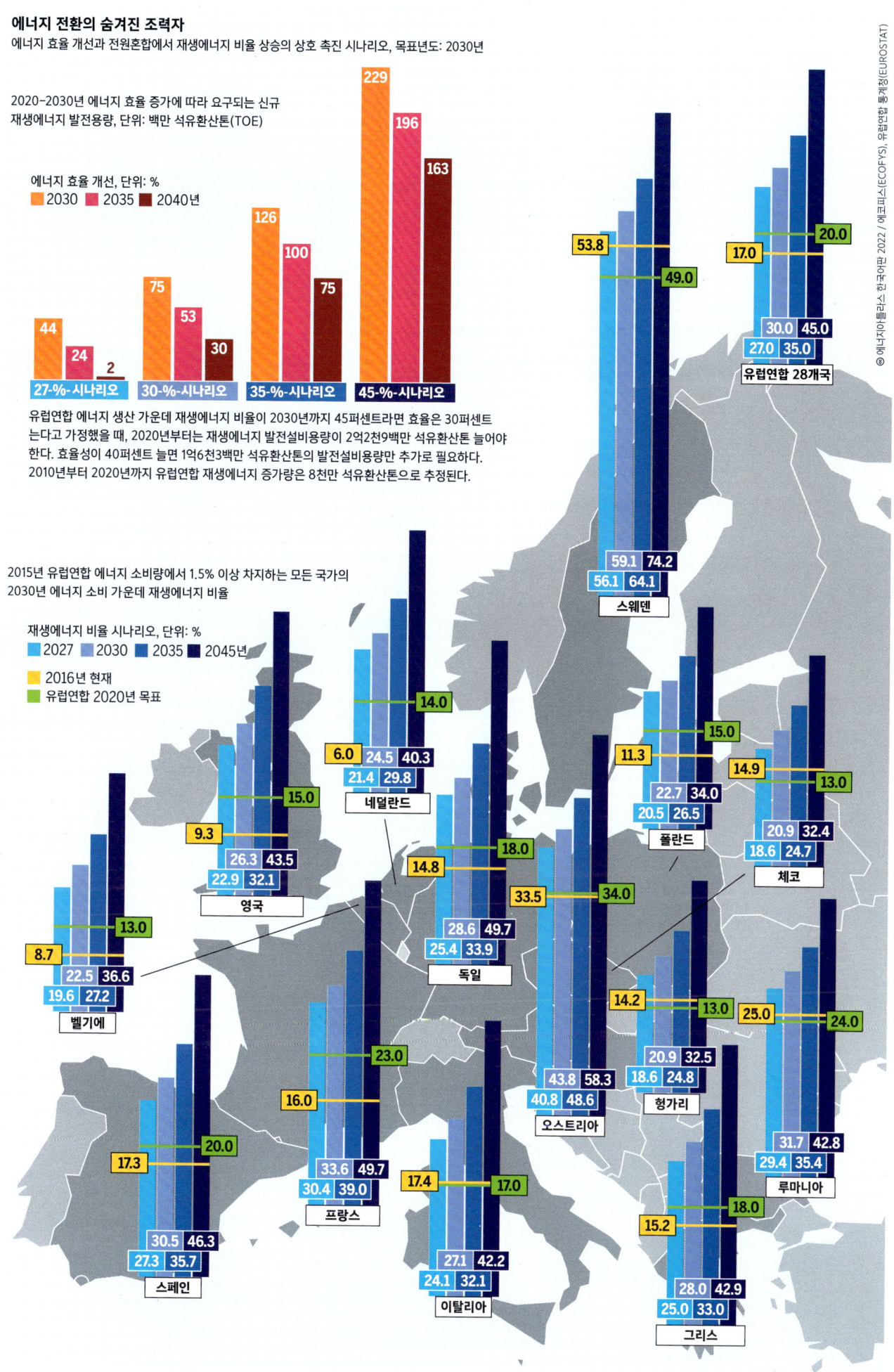

디지털화
개척자를 위한 땅

어떻게 수백만 개 태양광 패널과 풍력 발전 터빈의 수요와 공급을 조절하고 믿을 만한 에너지 체계에 통합시킬 수 있을까? '스마트'한 기술이 해답이다.

2015년 5월 20일 독일 전력공급망은 10년 전에는 상상할 수 없던 문제를 만났다. 오전 10시 시작된 부분 일식으로 밝기가 70퍼센트까지 줄어들었다. 태양이 달 뒤로 사라졌을 때 핵발전소 6기에 달하는 용량을 가진 태양전지는 갑자기 전기 생산을 멈췄다.

전력망 사업자들은 이날을 위해 몇 달을 미리 계획했다. 전력망에서 전기를 내보낼 때 항상 같은 양의 전기를 유지해야 하기 때문이다. 그 사이 불균형이 발생하면 정전이나 서지(전류·전압의 급증*옮긴이 주)가 발생할 수 있다. 이렇게 거대한 용량의 발전 설비가 갑자기 전기를 생산하지 못하게 되면 여러 문제가 발생한다.

빠르게 대응하는 가스화력 발전소가 이러한 갑작스러운 정전에 대응할 수 있을지에 대한 많은 논의가 있었다. 대응이 가능하다는 결론이 났다. 일식이 끝나고 정오가 되자 다시 태양이 완전히 원래 상태가 됐다. 태양은 가장 높은 곳에 떠 있었다. 150만 개 넘는 태양광 발전 체계는 핵발전소 12개 정도 전기를 생산했다.

전력망 사업자들은 태양광 발전량이 다시 급격히 늘자 잠시 빈틈을 메우고 있던 거대한 화석연료 발전소들은 다시 멈춰야 했다. 정오쯤 모든 것이 끝났고 이 재생에너지는 다시 독일 전력 수요의 40퍼센트를 채웠다. 두 시간 만에 독일 전력망은 전력 생산의 대부분을 다른 에너지원으로 바꾸었다가 다시 돌아왔다.

이 사례는 지난 10년 동안 에너지 체계가 얼마나 많이 변화했는지를 보여준다. 에너지 대기업이 독점하는 시대는 끝났다. 전력 생산은 수백 개 대규모 중앙집중식 발전에서 수백만 개 소규모 태양광 발전소와 풍력 발전 터빈으로 분산됐다.

100퍼센트 재생에너지 목표에 이르려면 앞으로 흐린 날씨가 길어지면 일식과 동일한 문제가 일어날 수 있다는 점을 고려해야 한다. 예측이 어려운 날씨는 늘 있게 마련이다. 전력망을 안정되게 유지하려면 에너지 생산, 수요, 저장과 전력 공급망 사이 통신 상호작용이 가장 중요하다. 핵심은 디지털화다.

오늘날 에너지 체계 기반 시설 대부분은 아직 디지털화되지 않았다. 디지털화가 이뤄지면 에너지 생산과 날씨를 예측할 수 있다. 디지털 거래와 청구 체계는 대부분 대기업에만 있다. 에너지 산업에서 데이터 처리 방식은 오늘날 여전히 컴퓨터가 발명되기 이전에 가까운 수준이다. 정보 기술은 특히 은행, 항공 우주와 대학 연구에서 널리 사용됐다. 컴퓨터와 인터넷은 사람들이 무제한 상호작용을 하는 연결망으로 혁신을 일으켰다.

오늘날 개척자들은 에너지 체계와 기술의 민주화를 위한 첫걸음을 내딛었다. 그들은 소규모 저장 장치들을 묶어 커다란 '가상 발전소'를 만들거나 전기차를 가로등에서 충전하는 세계를 구상하고 있다. 또는 소규모 발전기로 에너지를 직접 생산하고 소비하거나 이웃집에 직접 판매할 수 있는 지역 미니 전력 공급망도 가능하다.

에너지 분야에서 디지털화는 왜 아직 초기 단계인가? 엄격한 규제가 있는 분야에 새로운 기술과 아이디어를 도입하는 것은 어려운 일이다. 독일 에너지 체계는 1만 개가 넘는 법 조항의 적용을 받는다. 에너지 대기업들은 새로운 기술을 시장에서 제외할 법적 근거를 찾고 있다. 신생 기업들은 종종 사소한 문제로 법적 분쟁을 겪는다.

미래의 토대
에너지 분야를 움직이는 몇 가지 주제

- 🟡 빅 데이터 주제
- 🟢 블록체인 주제

전송 대역폭 / 직접 거래 또는 시장 기반 거래 / 청구와 결제 / 인공지능을 통한 시뮬레이션 / 자가발전 소비자의 잉여 전력 판매 / 센서와 사물 인터넷 / '비하인드 더 미터(BTM)' 에너지 최적화 / 시설과 자원 관리 / 칩과 네트워크 / 사이버 보안 / 분배 체계 관리 / 데이터 처리와 저장

일부 사람들은 녹색 전기를 '디지털 전기'라고 부른다. 이것이 앞으로 10년 안에 에너지의 새로운 특징이 될 것이기 때문이다.

작지만 크게
에너지 분야에서 디지털화로 빨라지는 구조 변화의 요소

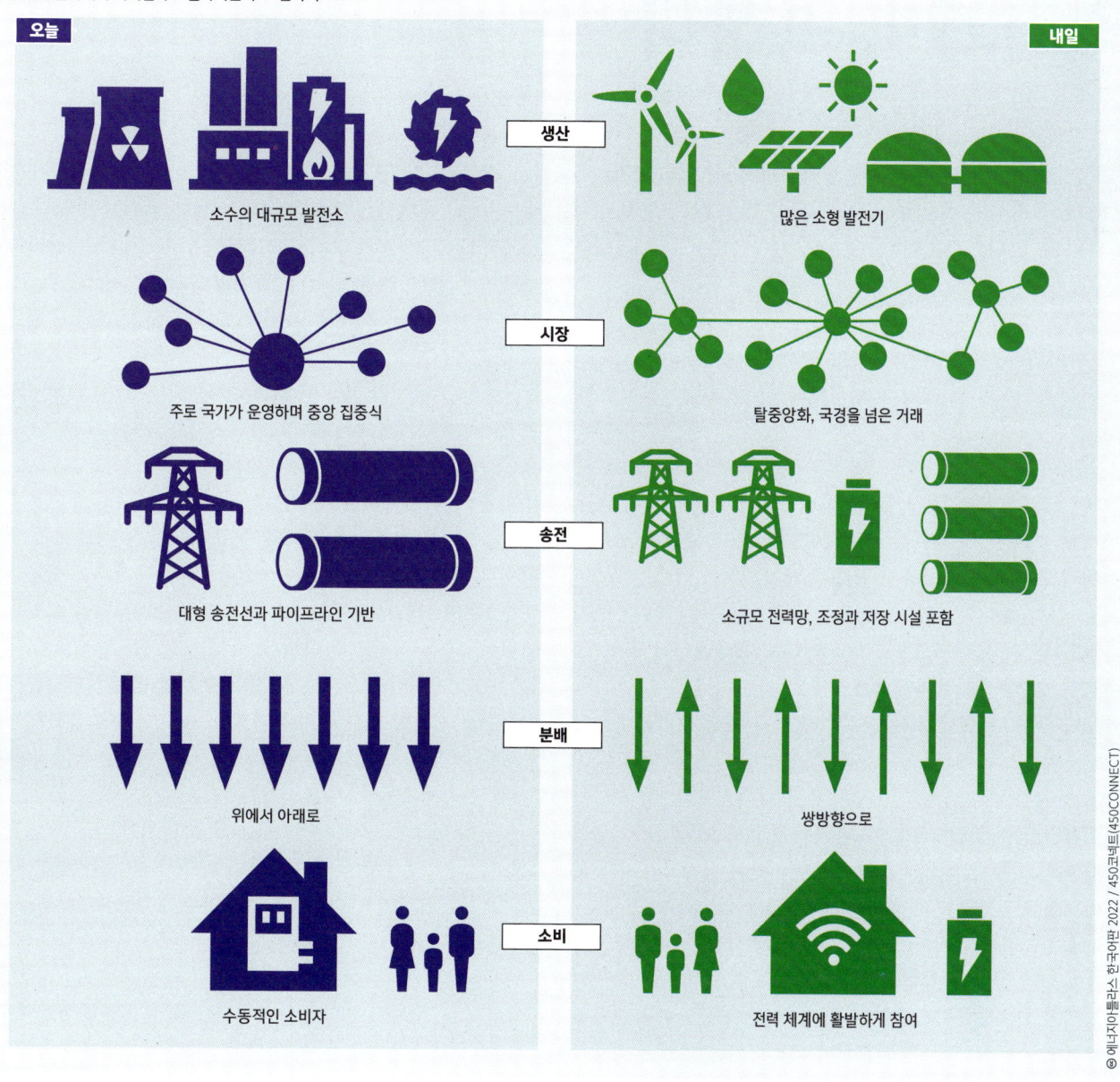

> 디지털화는 아직 초기 단계에 있으며 기업, 법 조항과 정치인들의 무관심에 맞서 싸우고 있다.

디지털 또는 '스마트한' 계량기에는 수요가 많은 기간과 그에 따른 전기 가격 변동을 입력할 수 있다. 그러나 유럽의 여러 나라에서는 여전히 이 계량기를 쓸 수 없다. 전기 수요가 높은 시기에 대응하기 위한 전력시장의 발전 속도가 느리고, 수요에 대응하는 전력시장 자체가 제지 공장이나 하수 처리장 같이 전기를 많이 쓰는 곳에 국한된 경우가 많다. 작고 유연한 배터리 장치를 사용해 값이 싼 남는 전기를 저장해 나중에 더 비싸게 판매하려면 다른 시설들과 함께 가상 발전소로 묶어서 수익을 내야 한다.

유럽연합은 청정에너지통합법에서 모든 의욕 있는 소비자가 에너지 체계에 접근할 수 있는 의결안을 내리고 한다. 이 법안은 가정에서 전기를 생산하고 저장할 뿐 아니라 판매할 수 있도록 허가하는 것을 목표로 한다. 이것은 1990년대 초 상용 인터넷 제공 업체에 인터넷을 개방한 것과 비슷할 것이다.

에너지 체계의 미래는 새로운 기술이 민주화와 참여를 위한 도구로 쓰이는지 아니면 기존 에너지 효율성을 높이는 데만 쓰이는지에 크게 좌우된다.

일부에서는 탈탄소 체계를 앞당길 디지털화를 환영한다. 재생에너지, 배터리 저장 장치, 전기자동차와 전력망은 이미 사람들 일상에 디지털 방식으로 전력을 제공한다. 다른 일부는 디지털화에서 감시의 위험을 본다.

또 다른 일부는 디지털화를 '과대 광고'라고 생각한다. 전기는 삶에서 중요한 역할을 하기 때문에 그 체계 관리를 경험 많은 에너지 대기업에 맡기는 것이 가장 좋다고 말한다. 어떤 의견이 관철될지는 아직 미지수다. ●

유럽연합
패기가 부족하다

유럽연합보다 에너지 전환을 위해 큰 역할을 하는 기관은 없다. 하지만 유럽연합 계획은 충분히 대담하지 못하다. 성과들은 흩어져 있고, 개혁은 너무 많은 적에 둘러싸여 있다.

1997년 유럽 집행위원회는 2010년까지 전기 소비 22.1퍼센트와 유럽연합 총 에너지 소비 12퍼센트를 재생에너지로 채우겠다는 목표를 세웠다. 위원회는 회원국마다 별도로 방향을 제시했다. 그 뒤 유럽연합의 새로운 에너지 생산 시설 대부분은 재생에너지, 특히 풍력과 태양에너지에 바탕을 두고 있다.

하지만 1997년 원칙은 구속력이 없었다. 유럽연합 전체뿐만 아니라 대부분 나라들이 목표를 달성하지 못했다. 2009년 유럽연합의 새로운 법인 '재생에너지 지침'을 통해 구속력 있는 원칙을 비로소 갖추게 됐다. 2020년까지 재생에너지 최소 20퍼센트는 유럽연합 전체의 목표였다.

2014년 유럽연합은 애초 2030년까지 재생에너지 비율을 27퍼센트까지 높이겠다는 회원국 목표보다 더 높은 목표를 원했다. 하지만 27퍼센트도, 유럽연합이 바라는 30퍼센트도 너무 적게 책정된 것이다. 이대로 유지하면 현재 재생에너지 성장은 늦어질 것이다. 회원국들이 재생에너지의 잠재성을 이용할 수 있도록 장려하려면 재생에너지의 비율을 더 높여야 한다.

에너지 컨설팅 회사 에코피스(Ecofys)와 빈(Vienna) 공과대학이 함께 작성한, 유럽연합과 회원국의 야심찬 목표에 대한 보고서에 따르면 2030년까지 재생에너지 비율을 45퍼센트로 끌어올려야 기후변화를 완화하고 더불어 혁신을 이끌고 경제와 고용을 촉진할 수 있다.

태양광 발전은 몇몇 유럽연합 국가에서 중요한 역할을 한다. 태양광 에너지는 2016년 이미 이탈리아 전력 수요 7.3퍼센트, 그리스 7.2퍼센트, 독일 6.4퍼센트를 차지했다. 유럽의 다른 국가들은 2퍼센트를 넘겼다. 주로 소규모 태양광 발전 체계가 산업 부지와 주거 지역에 설치됐지만, 대규모 태양광 공원 또한 여러 나라에서 건설됐다.

태양광 발전과 전통 방식 전력 사이 경쟁은 점점 더 심해지고 있다. 태양 에너지의 잠재력은 주목할 만하다. 국제에너지기구(IEA)는 2050년까지 세계 전기 생산량이 절반 넘게 재생에너지에서 올 수 있다고 내다본다.

하지만 유럽연합이 극복해야 할 장애물은 여전히 많다. 에너지 정책은 퇴보하기도 한다. 초창기 재생에너지를 적극 지원한 스페인은 홍보 계획을 거의 중단했다. 바뀐 지원 제도는 루마니아, 체코, 폴란드와 그밖에 지역의 발전을 방해한다. 수력 분야에서도 발전이 지체되고 있다. 지난 몇 년 유럽연합은 수력발전소를 건설할 계획이 거의 없었다. 최신 기술과 충분한 저장 용량을 갖춘 중소 규모 수력발전소는 상당한 생산력을 가지고 있다.

육상 터빈은 풍력 에너지를 사용하기 위한 가장 저렴한 조건이다. 2016년 해상풍력 에너지 분야에서 공동 입찰로 유럽 9개 나라의 협력이 이뤄졌다. 이에 따라 덴마크와 네덜란드 해

유럽연합에서 바이오매스 연료와 수력 발전도 재생에너지에 포함되는데 이 두 가지는 생태적으로 의심스럽다.

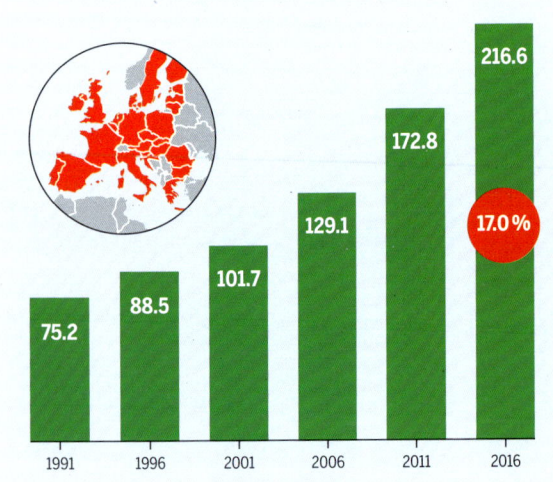

유럽연합의 진전, 그러나 충분하지 않다
재생에너지 소비량과 최종 에너지 소비의 비중, 단위: 백만 석유환산톤(TOE), %

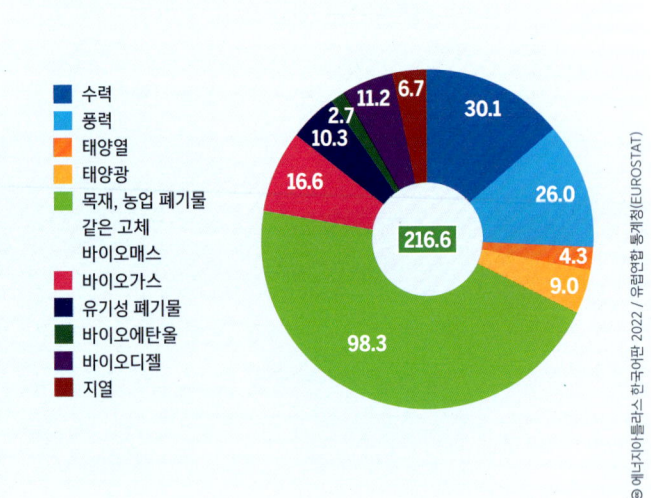

2016년 에너지원에 따른 재생에너지 소비, 단위: 백만 석유환산톤(TOE)

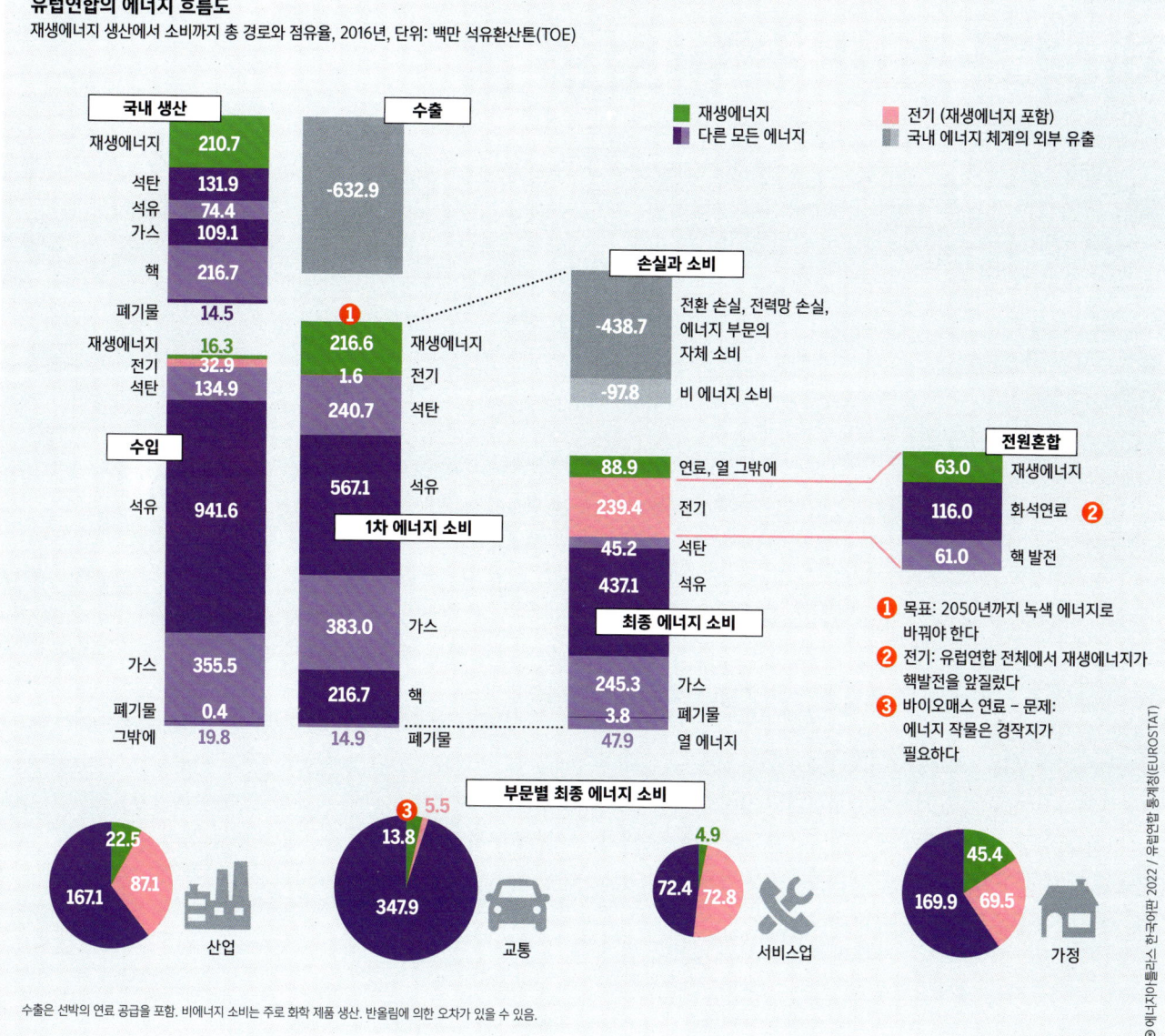

안 프로젝트에 가장 낮은 전기 가격으로 참여했다. 독일에서는 2017년 초 국가 지원을 받지 않은 첫 번째 해상풍력 발전소 단지가 허가를 받았다.

하지만 전력 분야의 재생에너지가 눈에 띄게 늘어나는 흐름은 다른 분야의 부진을 가린다. 가령 상업용 건물과 가정용 냉난방이나 수송 분야 같은 다른 분야에서는 재생에너지가 부진했다. 성과가 전혀 없지는 않다. 지역난방 공급은 주로 목재, 식물 찌꺼기 또는 음식물 쓰레기 같은 바이오매스가 주축을 이룬다. 집열판을 통해 온수를 생산할 수 있는 태양열 에너지는 점점 지역난방 체계에 통합되고 있다. 이런 대규모 계획들이 유럽연합 전역에서 등장했다.

덴마크가 선두에 있다. 2016년 110메가와트 화력을 가진 대형 발전소를 가동했다. 독일, 덴마크, 핀란드, 스웨덴과 같이 전통 지역난방 체계를 가진 나라들은 스마트 전력망, 대형 열펌프, 천연가스와 난방 공급망, 에너지 효율 건물과 장기 기반 시설 설립 계획을 통합해 시설을 현대화하고 있다. 지열 개발은 유럽이 세계 선두는 아니지만 분명히 앞으로 나아가고 있다.

28개 나라 에너지 체계는 유럽연합의 전체 에너지 체계에 복잡하게 얽혀 있다. 이 때문에 에너지 전환으로 가는 길이 멀다.

유럽연합은 재생에너지 분야에서 큰 잠재력이 있다. 전기 생산, 수송과 냉난방에 다양한 재생에너지가 쓰인다. 이 부문들을 결합하는 것은 더 많은 이점을 줄 것이다. 2016년 '씨이 델프트(CE Delft)' 연구 그룹 조사에 따르면 2050년까지 유럽연합 시민 절반은 스스로 전기를 생산할 수 있게 된다. 이는 유럽연합 에너지 수요 45퍼센트에 이르는 규모다.

다른 연구에 따르면 재생에너지로만 작동하는 에너지 체계를 만들 수 있고, 비용 면에서도 큰 효과를 거둘 것이다. 기술은 이미 있다. 하지만 유럽연합과 회원국들이 에너지 전환을 위해 한걸음 더 나아가는 노력이 절실하다. ●

폴란드
재생가능한 석탄보조금

유연탄과 갈탄은 오랫동안 환경을 파괴해온 에너지원으로 폴란드인에게 부담을 주고 있다. 풍력 발전을 확대하면 유연탄과 갈탄이 일으키는 문제를 개선할 수 있다.

폴란드는 석탄 국가다. 전력의 80퍼센트 넘는 양이 유연탄이나 갈탄에서 나온다. 2017년 재생에너지는 전력 생산 가운데 14퍼센트를 차지했다. 풍력이 주된 재생에너지였다. 국가 재생에너지 실행 계획에 따르면 폴란드는 2020년까지 적어도 에너지 소비의 15퍼센트를 재생에너지로 생산해야 했다. 그러나 폴란드는 이 목표를 달성하는 데 심각한 어려움을 겪고 있다.

지난 10년 재생에너지는 국가 지원 프로그램과 새로 도입된 유럽연합 경쟁법의 지원을 받아 성장했다. 하지만 최근 변화가 나타났다. 주요 에너지 기업들은 재생에너지법이 통과되지 못하도록 지연시키는 데 성공했다. 새로운 정부는 2015년부터 경쟁법보다 국가 에너지 안보를 우선하기 시작했다. 재생에너지에 투자하는 대신 기존 체계를 유지하려는 것이다.

친환경 인증 프로그램과 전기를 스스로 생산하는 소비자에 대한 지원을 포함해 재생에너지 계획은 중단됐다. 소규모 발전소를 위한 보조금이 급격히 줄었다. 시장 가격에 맞춰진 재생에너지원 경매 체계가 기존 지원 체계를 대체해 버렸다. 변화된 운영 조건은 육상에서 풍력을 생산하는 생산자에게 중단하라고 선고하는 것과 마찬가지였다. 따라서 많은 풍력 사업자는 파산하거나 파산을 위협받는 상황이 됐다.

한편 주요 에너지 기업들은 에너지 체계의 안정성을 확보하기 위해 더 많은 지원을 정부에게 요구하고 있다. 전력망과 관련된 정책은 소규모 재생에너지 발전시설을 희생시키고 기존 에너지 기업 중심으로 방향을 바꿨다. 이전에 소규모 발전소는 생산분에서 자가 소비분을 뺀 나머지 전기를 보냈다. 하지만 이제 소규모 발전소는 모든 전기를 우선 전력망 사업자에게 보내야 한다. 그리고 전력망 사업자로부터 다시 생산 시설을 운영하기 위한 전기를 구매해야 한다. 이 과정에서 전력망 사업자는 추가 이익을 얻는다. 환경 보호와 물 관리를 위한 국가 기금은 멀리 내다보며 낡은 발전소를 정리하는 것이 아니라, 낡은 발전소가 유럽연합 대기질 지침에 적응하도록 지원 프로그램을 만들었다.

현재 폴란드의 재생에너지는 주로 전통 자원에 뿌리를 두고 있는데, 바이오매스가 70퍼센트 정도 된다. 가장 큰 잠재력은 풍력에 있다. 육상과 해상풍력 발전소는 국가 에너지 27퍼센트까지 공급할 수 있어 다른 재생에너지원의 한정된 잠재력은 문제되지 않을 것이다. 태양열과 지열 에너지는 국가 에너지 수요를 20퍼센트까지 충당할 수 있을 것이다. 이는 바이오매스 에너지가 충당하는 양과 비슷하다. 태양 에너지는 에너지 수요가 많고 기존 발전소가 충분한 전기를 생산하기 어려운 더운 날 특히 유용할 수 있다. 그러나 지금까지 태양열과 지열이 가진 잠재력 1~2퍼센트만을 사용했다.

폴란드에서 재생에너지는 10년 동안 호황을 누렸다. 그러나 새 정부는 2015년부터 예전 에너지 정책으로 되돌아갔다.

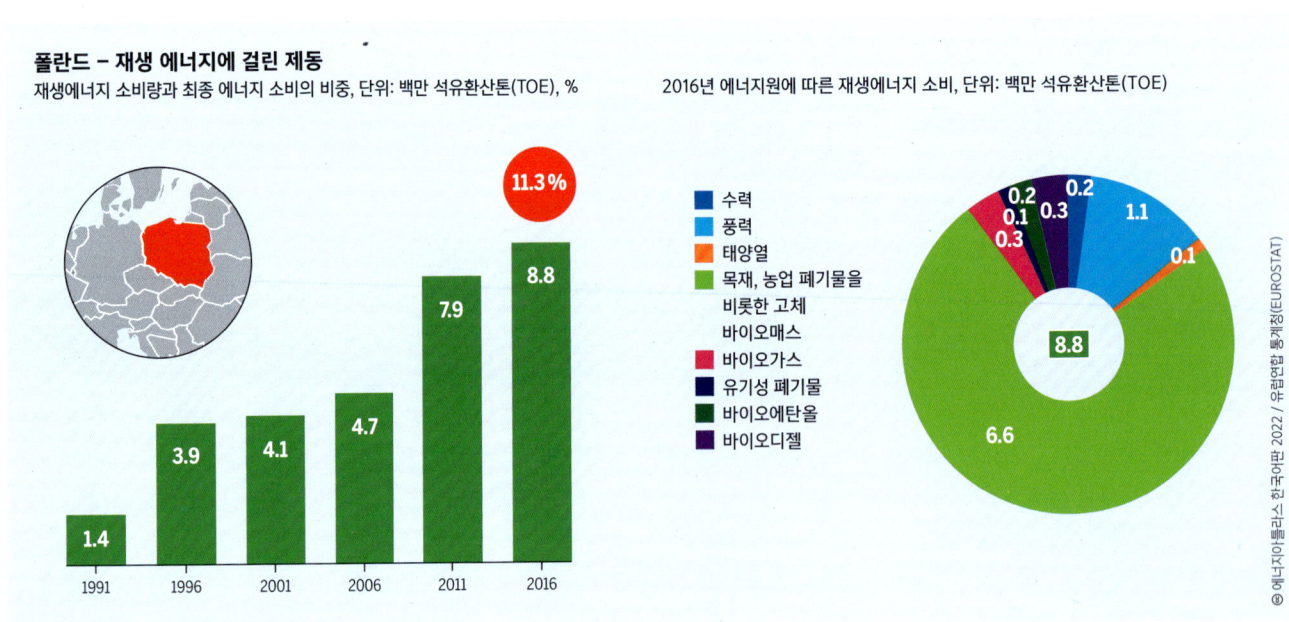

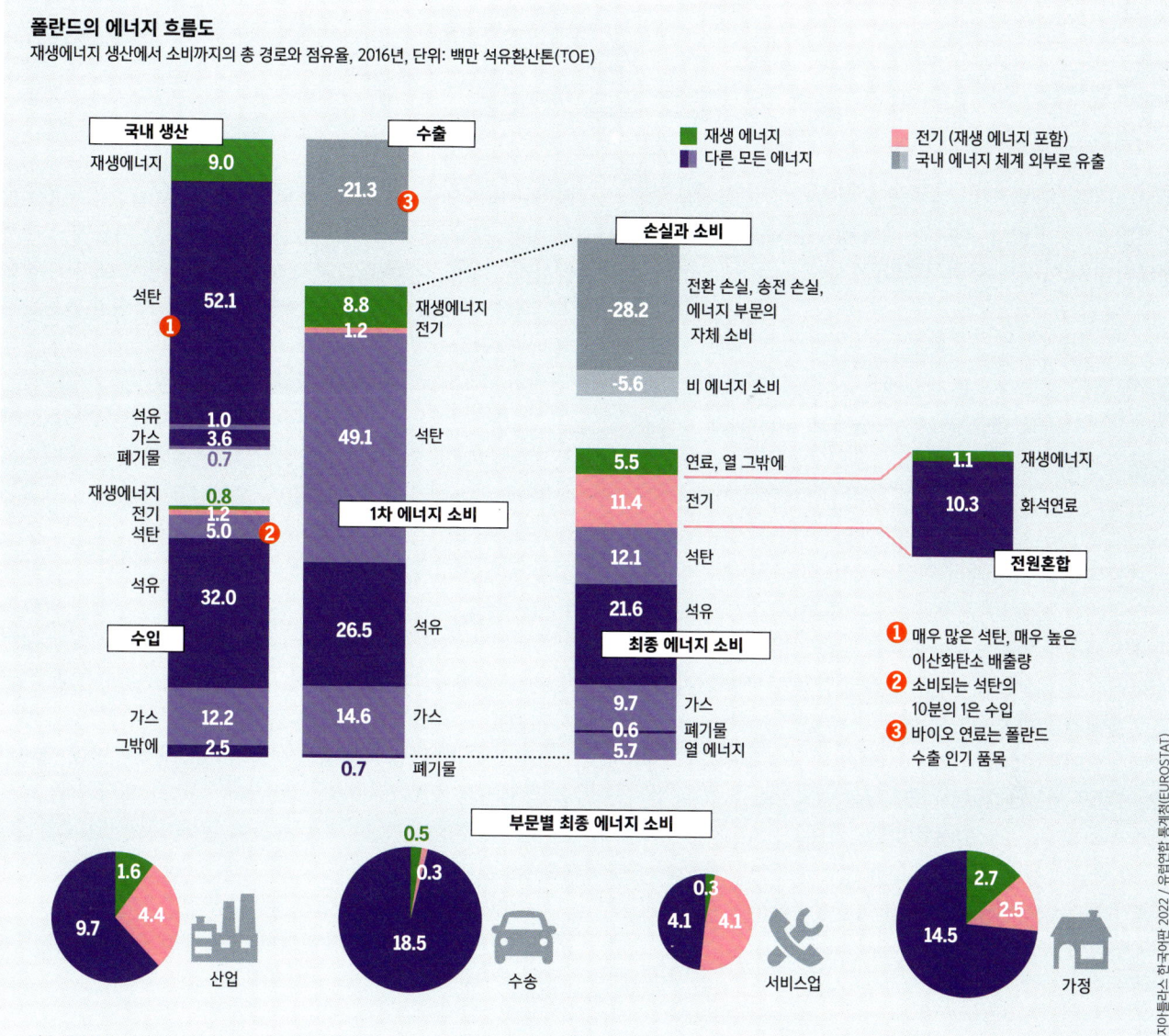

갈탄과 유연탄 모두 폴란드에서 가장 중요한 화석연료이다. 채굴 비용이 갈수록 비싸지며 정부는 에너지 대기업에 간접 보조금을 지급했다. 모든 폴란드인은 1990년부터 2016년까지 보조금 뿐만 아니라 광산업과 석탄 화력 발전에 들어가는 특별비용을 위해 해마다 평균 약 460유로를 냈다. 세계 광산들은 낮은 석탄 가격으로 재정 압박을 받고 있지만, 정치적인 이유로 폐쇄가 지연되고 있다.

그럼에도 언젠가 광산은 채굴을 중단하게 될 것이다. 수익을 내는 에너지 회사와 수익성이 없는 광산 회사를 합병할 계획이 있었지만, 유럽연합 집행위원회의 반대로 연기됐다. 이윤과 상관없이 석탄을 채굴하려는 조치들도 새로 생겨났다. 석탄 가스화와 새로운 광산이 여기에 포함된다. 폴란드는 석탄이 국가의 주요 자원이라고 설명하지만 사실 점점 많은 석탄을 수입하고 있다. 석탄의 가장 큰 폐해는 대기오염이다. 대기오염은 우리가 석탄을 생각할 때 먼저 떠올리는 이미지이기도 하다.

폴란드 도시들은 유럽 전체에서 가장 안 좋은 평가를 받고 있다. 가정용 히터 대부분은 효율성이 떨어지고, 석탄 질은 안 좋으며, 석탄 오븐에서 쓰레기를 태우기까지 한다. 대도시에서

폴란드에서 화석연료와 재생에너지의 비율은 10:1이다. 정부는 이를 바꿀 마음이 별로 없다.

는 디젤치기 도로 위에서 또 나쁜 문제를 일으킨다. 하지만 사람들 인식이 점점 높아지고 있다. 크라카우(Krakow)를 중심으로 한 마워폴스카(Małopolska)와 실레시아(Silesia)는 남부 폴란드에서 이 문제가 가장 심각한 지역이다. 이 지역은 질 낮은 석탄 사용을 금지하기 시작했다. 다른 지역에서도 비슷한 금지 조치를 고려하고 있으며 2018년부터는 전국에서 싸구려 석탄 오븐 판매를 금지했다.

현재 폴란드 에너지 정책은 공급 안정성 보장에 중점을 두고 있다. 에너지 정책은 안정된 공급을 위해 석탄을 포함한 국내 에너지원에 의존하고 있다. 온실가스 배출 감소는 지금은 정부의 주요 목표가 아니다. 정부는 온실가스 배출 대부분을 임업을 통해, 곧 숲이 이산화탄소를 흡수함으로써 해결할 수 있다고 말한다. ●

체코
추는 어디에서 흔들리는가

체코 정부는 아직 에너지 부문을 지속가능한 방향으로 개편할 생각이 없다. 게다가 과거 정부는 재생가능한 에너지의 이미지를 실추시켰다.

10년 전만 해도 체코는 태양에너지 생산을 주도했다. 2010년 체코는 대규모 태양광 발전소 형태로 2기가와트 용량의 태양광 발전설비를 설치했다. 하지만 그 뒤에는 태양광 생산에 대한 지원 삭감, 높은 세금과 맞서 싸워야 했다. 2014년에는 새로운 설비가 하나도 설치되지 않았다.

현 정부의 전기 생산은 석탄(2015년 전체 에너지 생산의 49퍼센트)과 핵발전(32퍼센트) 쪽으로 가고 있다. 정부는 석탄과 핵발전에 의지하는 것이 에너지 공급 안정을 위해 필요한 전략이라고 생각한다. 체코는 석탄과 갈탄을 상당량 가지고 있으며, 이웃국가들에 수출한다. 체코가 유럽에서 일인당 이산화탄소 배출량이 가장 높은 이유다. 핵은 안정되고 저렴한 에너지 원천이라고 생각해 기존에 가동해온 핵발전소 두 곳을 유지하고 추가로 2기를 건설할 계획이다.

체코는 송전망이 주변국들과 밀접하게 연결돼 있어 중부 유럽의 에너지 시장에서 중요한 역할을 한다. 이 위치 덕분에 중요한 중계 허브 역할을 맡고 있다. 또한 세계 최대 전기 수출국 가운데 하나이기도 하다. 2014년 오스트리아에 41.5퍼센트, 슬로바키아에 33.3퍼센트, 독일에 19.2퍼센트를 수출했다.

석탄과 핵과는 달리 재생에너지는 부차 에너지원으로 취급한다. 정치는 재생에너지의 한계에 대해 강조한다. 체코 정부가 유럽 법규를 준수하도록 만들어진 재생에너지에 대한 국가 실행 계획은 2020년까지 전체 에너지 생산 비율에서 재생에너지 비율을 15.3퍼센트로 높이는 것을 목표로 했다. 이것은 2005년보다 거의 10퍼센트 높아진 비율이다. 하지만 환경단체와 재생에너지 지지자들은 15.3퍼센트는 너무나 낮은 수준의 '평범한 정책'이라고 비판하고 있다.

재생에너지는 2005년부터 안정된 재정 지원을 받았다. 이런 조건은 태양광 전지 값이 떨어지는 상황과 맞물려 예기치 못한 태양광 설치 붐을 일으켰다. 도리어 전기 가격이 오르는 결과를 가져왔다. 에너지 공급자들은 재생에너지에서 나온 전기를 높은 가격에 구매해야 했고, 이 비용을 충당하기 위해 소비자들에게 높은 추가 비용을 부과했다. 이것이 국민들에게 재생에너지에 대해 좋지 않은 이미지를 주었다. 당시 체코의 불안정한 정치 상황 때문에 정부는 구매 가격을 조정하는 데 유연하게 대응하지 못했다. 정부가 관리하는 에너지 대기업인 체즈(ČEZ) 같은 전통 에너지 공급자들은 재생에너지 반대 캠페인을 강력하게 벌였다. 2013년에는 신규 설비를 위한 지원 프로그램이 중단됐고, 그 뒤 새로 가동에 들어간 재생에너지 설비는 거의 없다.

하지만 추는 다시 돌아올 수 있다. 전망은 점점 밝아지고 있다. 정부는 사기업 옥상에 크고 작은 태양광 발전소를 설치

체코 정부는 중앙 집중 방식 에너지 생산을 원한다. 이 때문에 분산된 재생에너지 체계는 어려움을 겪고 있다.

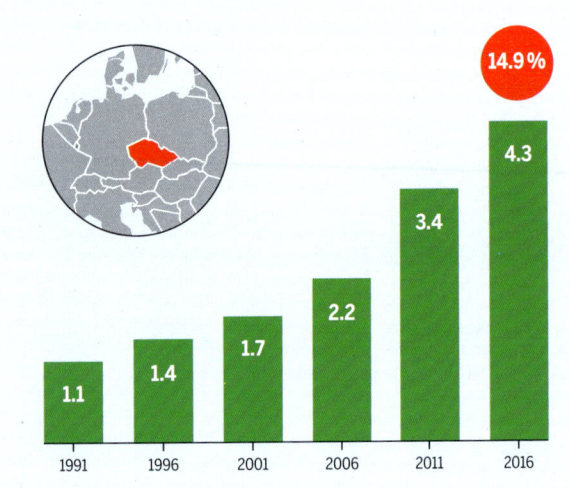

체코-더딘 성장
재생에너지의 소비량과 최종 에너지 소비의 비중, 단위: 백만 석유환산톤(TOE), %

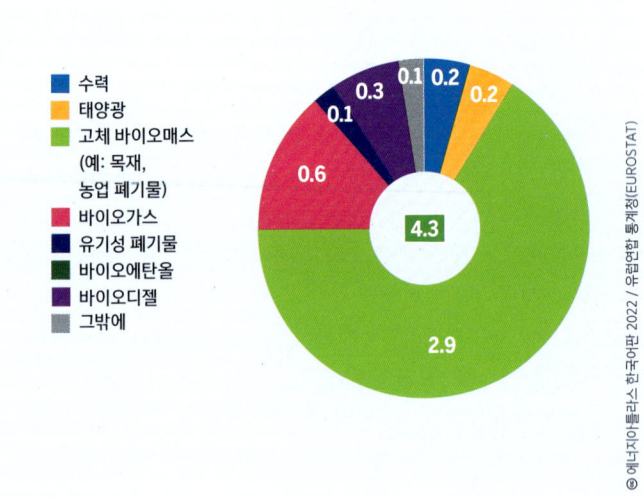

2016년 에너지원에 따른 재생에너지 소비, 단위: 백만 석유환산톤(TOE)

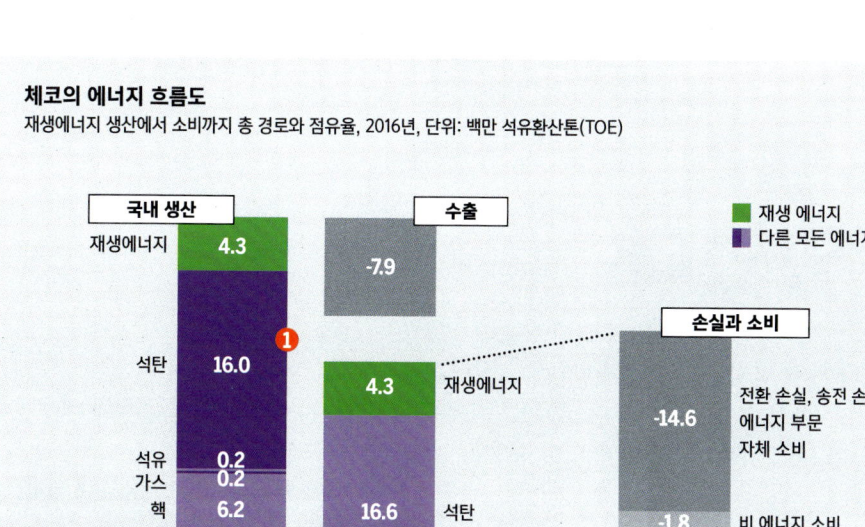

체코의 에너지 흐름도

재생에너지 생산에서 소비까지 총 경로와 점유율, 2016년, 단위: 백만 석유환산톤(TOE)

수출은 선박의 연료 공급을 포함. 비에너지 소비는 주로 석유화학제품. 반올림으로 오차가 있을 수 있음.

ⓒ 에너지아틀라스 한국어판 2022 / 유럽연합 통계청(EUROSTAT)

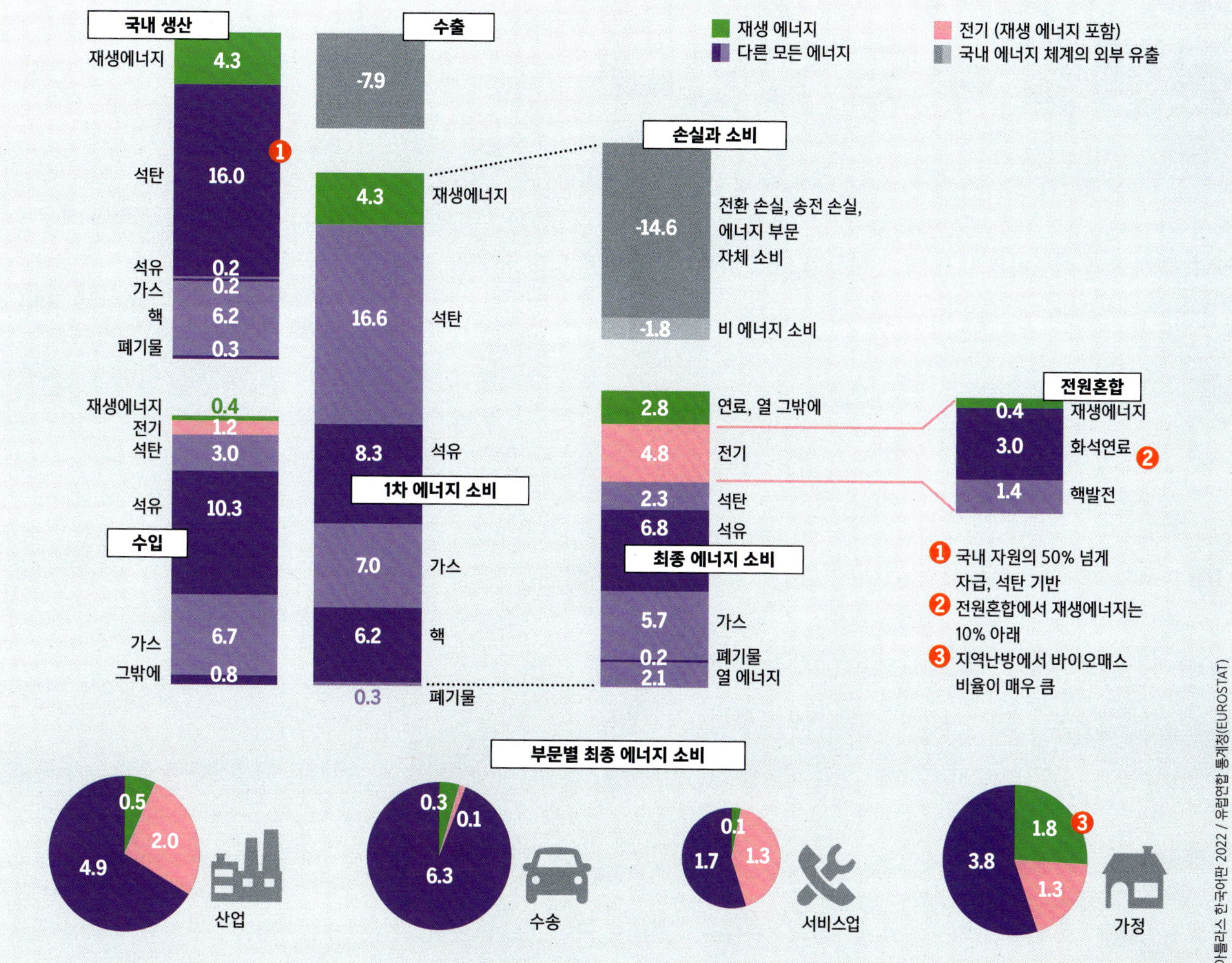

하면 투자보조금을 지급하겠다고 밝혔다. 게다가 2017년 말 체코 정부는 재생에너지를 위한 경매 제도의 도입을 검토했다. 이는 신규 설비를 위한 강력한 가산 제도를 만들어낼 것이다.

풍력, 태양열, 바이오매스 같은 에너지원은 잠재력이 크다. 독립 에너지 전문가들은 재생에너지에 효율 있는 장비와 보온재와 같은 현대 기술이 더해진다면, 2050년까지 재생에너지는 전력 수요의 76퍼센트까지 감당할 수 있다고 계산했다. 하지만 체코 정부는 장미빛 전망을 못 미더워 한다. 2045년이 돼도 재생에너지는 총 에너지 발전량의 23퍼센트 정도만 차지할 것으로 내다 본다.

체코 정부는 공식 전략과 함께 탈탄소화, 에너지 절감, 재생에너지에 대한 광범위한 지원을 우선순위로 하는 '녹색 계획'를 마련했다. 석탄 사용이 수십 년 안에 끝날 것이라고 인정하면서, 이를 상쇄하기 위해 재생에너지보다는 오히려 핵발전으로 방향을 전환하고 있다. 더 나아가 체코 정부는 유럽연합의 탈탄소화를 위한 많은 규정을 거부하고 단지 마지못해 형식으로만 이를 추진하고 있다.

재생에너지의 에너지 이력 조차 재래식 에너지의 특징을 보인다. 체코에서는 재생에너지를 지역난방으로 직접 활용하는 것이 전기 생산보다 기술면에서 덜 까다롭다.

건설업계와 정부는 심지어 분산된 새생에너지 발전이 체코의 전력 체세를 불안정하게 할 수 있다고 주장한다. 하지만 다른 나라에서는 이 부분이 확인되지 않는다. 2010년 전력망 운영업체 쳅스(ČEPS)의 조사에 따르면, 현재 전력망은 풍력과 태양광 발진 용량의 두 배나 세 배는 더 수용할 수 있다.

최근 몇 년 동안 재생에너지를 좋게 생각하는 여론이 만들어졌다. 현재 인구의 40퍼센트 넘게 전통 에너지원을 재생에너지원으로 대체할 수 있다고 생각하고 있다. 하지만 전원혼합에서 석탄이 차지하는 강력한 위치, 당장 사용 가능한 핵에너지 체계, 고도로 중앙 집중된 에너지 시장은 체코의 전력 체계가 분산형 체계를 시행하고 재생에너지로 전환하는 것을 주저하게 만든다. ●

그리스
모든 것이 더 빨리 진행될 수도 있었다

야심찬 국가 에너지 계획과 재생에너지의 가격 하락은 재생에너지가 그리스의 전력에서 차지하는 몫을 높이고 있다. 하지만 경제위기와 비싼 자본 비용이 되레 이를 후퇴하도록 만들고 있다.

그리스의 일조량은 독일의 일조량보다 50퍼센트 가량 더 많다. 그리스가 유럽에서 가장 높은 재생에너지 잠재력을 가진 이유다. 하지만 지금은 이 잠재력의 아주 일부분만 사용하고 있다. 흐린 하늘 아래 설치된 독일의 태양광 발전 용량(1인당 499와트)은 해가 내리쬐는 그리스(1인당 240 와트)보다 2배가 넘는다.

그리스는 풍력에너지 잠재력 또한 충분히 활용하지 못하고 있다. 예를 들어 남부 에게해 섬들(크레타 섬 제외)은 계획 제한, 자연과 문화재 보호 규정을 고려하고도 현재 용량의 70배가 넘는 6,000메가와트(MW) 정도 풍력 터빈을 설치할 수 있다. 터빈 설치부터 운영과 감독까지 약 1,100개 넘는 일자리도 만들어낼 수 있다.

1982년 유럽 최초의 풍력 터빈이 그리스 키트노스(Kythnos) 섬에 설치됐다. 그 뒤로 그리스는 재생에너지 부문에서 눈에 띄게 발전했다. 발전차액지원제도와 재생에너지원의 전력망 연결에 우선권을 준 덕분이었다. 2007년과 2016년 사이 풍력 발전용량은 846메가와트에서 2,374메가와트로 거의 3배가 늘었다. 이 기간 태양광 에너지 발전량은 9메가와트에서 2,611메가와트로 늘었다.

2010년 경제위기로 에너지 수요는 줄고 동시에 재생에너지 설비 용량은 늘어나면서, 그리스 전원혼합에서 재생에너지가 차지하는 비중이 크게 늘어났다. 2016년은 역사에 남을 해였다. 대규모 수력발전을 포함한 재생에너지는 그리스 본토 전력 공급량의 30퍼센트를 기록하며 처음으로 갈탄을 넘어섰다. 갈탄은 사상 최저인 29퍼센트로 떨어졌다.

두 가지 요인이 이러한 성장을 촉진시켰다. 첫째, 2009년 유럽연합 집행위원회 지침에 따라 재생에너지 진흥을 위한 국가 법안이 제정되었다. 둘째, 재생에너지 설치비용이 줄었다. 예를 들어 2008년부터 2014년까지 태양광모듈 가격은 79퍼센트 하락했고 풍력 터빈 가격은 25퍼센트 떨어졌다. 관리 당국이 충분히 조정하지 못하고 허가는 지연됐으며 토지 권리는 명확하지 않았고 토지 개발 계획은 부족했지만 만족할 만한 수준에 도달할 수 있었다.

하지만 그리스 금융위기는 재생에너지 성장을 지연시켰다. 첫째, 재생에너지 생산자에게 지불해야 하는 예산 자금에 많은 적자가 발생했다. 주요 채권자들과 채무 상환의 일환으로 정부는 이 적자를 줄이기로 약속했다. 불어난 태양광 발전 가격을 소급 적용해 삭감했다. 이 삭감에는 적자에 책임이 없는

많은 제안과 아이디어가 있지만 정치에서 호응이 적다. 이런 현실이 청정에너지에 제동을 걸고 있다.

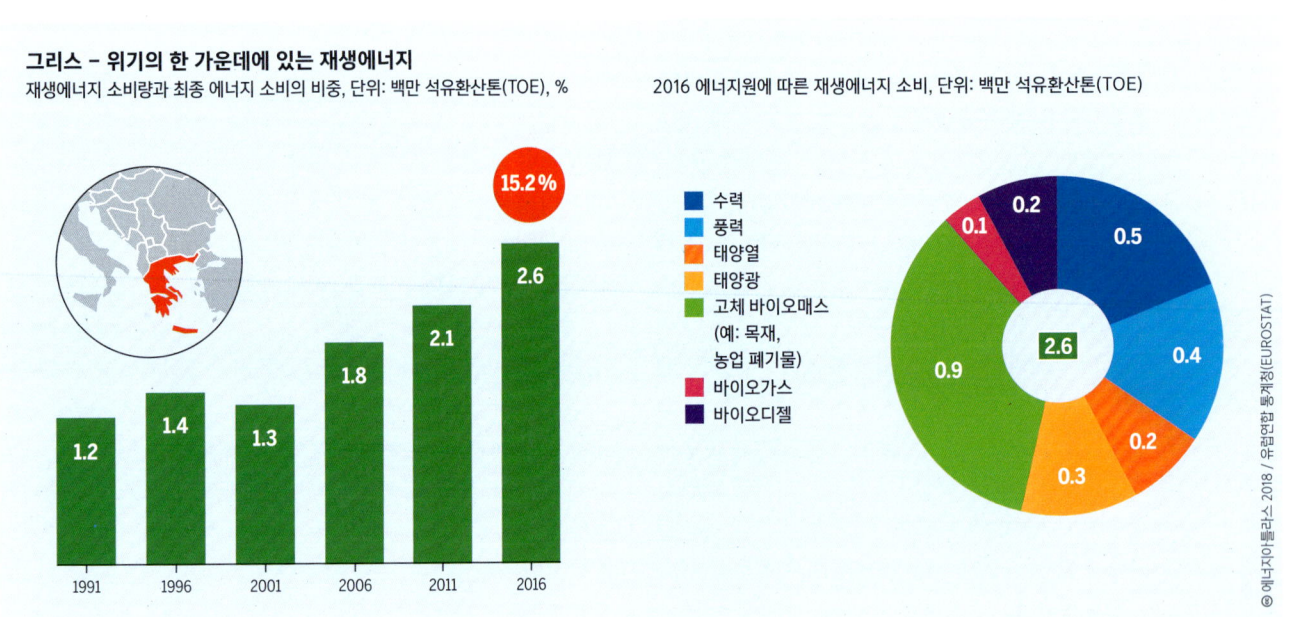

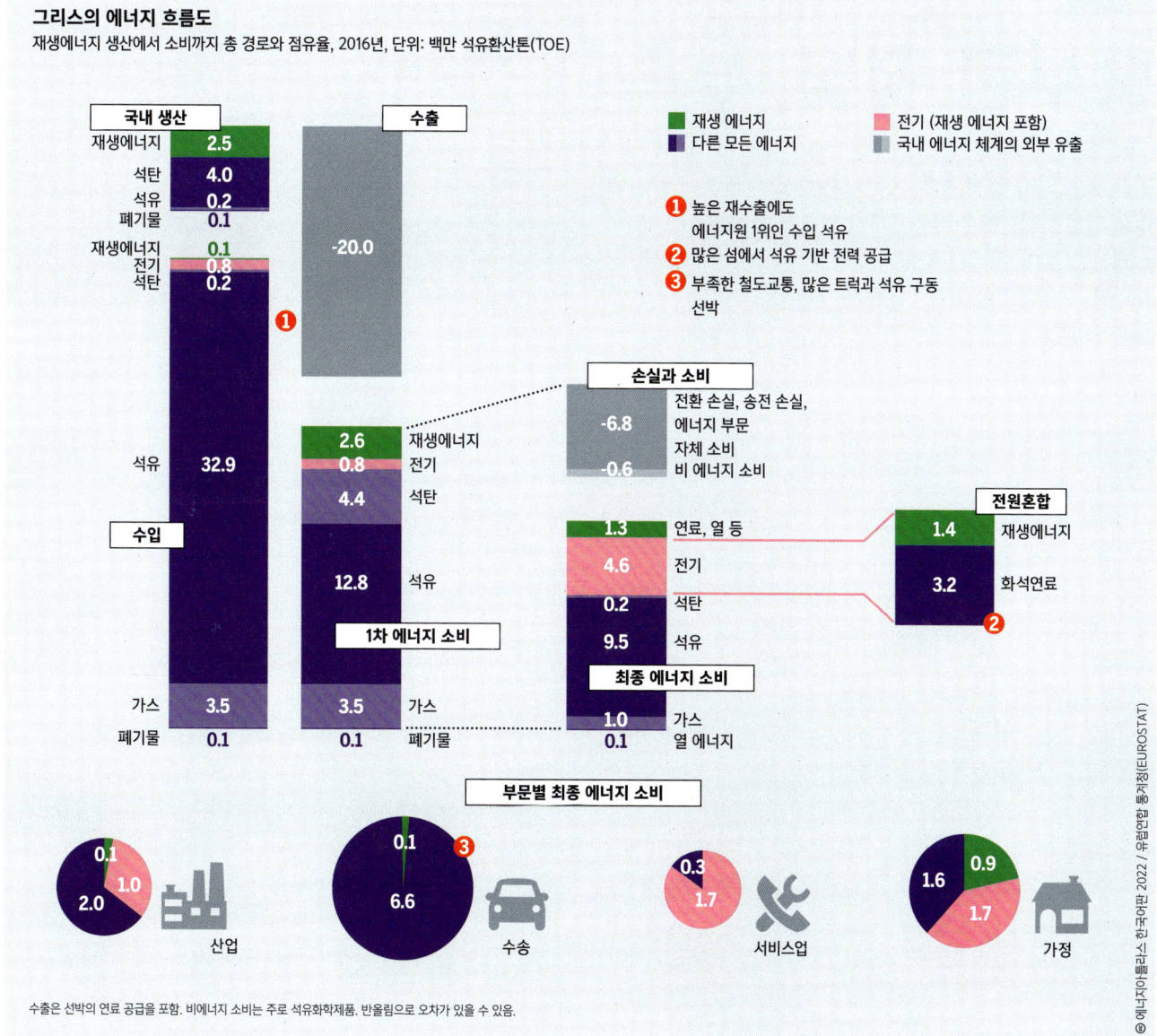

풍력과 수력발전소도 포함됐다. 반면 화석연료를 에너지원으로 사용하는 발전은 별다른 영향을 받지 않았다.

둘째, 2015년 도입된 자본 통제로 문제는 더 심해졌다. 현재 그리스의 외국 차관 비용은 독일보다 7배나 높은 12.6퍼센트다. 이 상황에서 재생에너지에 투자하는 것은 재정 부담이 너무 크나. 2020년까지 재생에너지 비율을 전체 전기 소비량의 40퍼센트로 끌어올리려던 국가 목표도 달성이 불투명해 졌다.

2018년 계획된 '에너지 공동체' 법안에 따라 시민들은 자신들의 에너지를 스스로 생산, 저장, 판매, 소비까지 할 수 있게 됐다. 그리스 본토 전력망과 연결되지 않은 섬들이 연합해 추진하면 풍력 발전을 반대하는 목소리에 맞설 수 있을 것이다. 현재 화석연료에 의존하는 이 섬들에는 기존 전기를 친환경 전기로 전환할 수 있는 기술이 있다. 예를 들어 틸로스(Tilos) 섬은 지역 마이크로 전력망을 위해 지능형 에너지 관리 체계와 풍력 터빈, 태양열패널, 배터리를 설치했다.

아마도 이것은 천천히 진행될 것이다. 새로운 보조금 체계는 전기 경매를 가능하게 할 것이다. 재생에너지는 강력한 정치

> 그리스는 석유 수입에 대한 의존도가 높다. 동시에 높은 재생에너지 잠재력을 갖고 있다.

배경이 있는 화석연료와 경쟁해야 할 것이다. 예를 들어 그리스 전력공사 피피씨(Public Power Corporation)는 660메가와트 신규 길단 화력발전소를 건설하고 있으며, 450메가와트 발전소를 추가로 건설할 계획이다. 전력공사와 정부는 전력망으로 아직 연결돼 있지 않은 여러 섬에서 석유를 기반으로 하는 전력체계를 고집하려고 한다.

그리스 재생에너지 전망이 앞으로 더 밝아질 수 있지만 우선 이를 위한 환경이 만들어져야 할 것이다. 국가 에너지 시장은 완전히 통합될 수도 있고 이웃한 발칸 국가들과 협력도 강화할 수 있다. 유럽연합 배출권거래 제도를 통해 섬들을 잇는 전력망을 빠르게 설치하면 그리스의 외딴 섬 지역에서 재생에너지를 기반으로 한 전력 체계가 기회를 얻게 될 것이다. 이 계획을 실행한다면 그리스는 녹색 에너지 영역에서 모범 사례를 만들 수 있을 것이다. ●

스페인
풍부한 햇빛, 부족한 정책

햇볕 좋고 바람 많이 부는 스페인은 태양광과 풍력 발전에 매우 적합하다. 초기 재생에너지 투자가 몰려든 뒤로 스페인 정부의 에너지 정책은 결함을 드러냈고 투자에 강력한 제동을 걸었다. 이 규제가 완화될 것이라는 신호들이 있다.

바람 많은 산과 평원, 오랜 시간 내리쬐는 햇빛 덕에 스페인은 재생에너지 개발에 큰 잠재력이 있다. 2016년 풍력은 재생에너지 가운데 주된 전력 공급원으로, 재생에너지 전체를 합치면 전력 생산의 40퍼센트에 가까운 비중을 차지했다. 풍력 발전량은 유럽에서 독일에 이어 두 번째이며, 세계에서는 네 번째다. 풍력은 총 전력 소비에서 약 18퍼센트를 차지하고, 수력은 13퍼센트 정도다. 태양광 발전은 큰 잠재력이 있지만 아직은 스페인 전원혼합에 3퍼센트만을 공급하고 있다. 그린피스에 따르면 스페인의 재생에너지원은 현재 소비하는 전력보다 훨씬 더 많은 전력을 생산할 수 있다.

정부는 이미 2020년까지 총 에너지 소비(열과 수송 포함)에서 재생에너지 비율을 20퍼센트로 올리는 목표를 세웠다. 2004년에서 2012년 사이 스페인 전체 전원혼합에서 재생에너지가 차지하는 비율은 8.3퍼센트에서 14.3퍼센트로 늘었다. 그 결과 스페인은 이 분야를 이끌 국제 리더로 여겨졌다. 하지만 정부 정책이 바뀌며 이러한 성장이 지연되고 있다. 스페인은 2015년 중간 목표가 16.7퍼센트였는데, 1퍼센트 남기고 목표를 달성하지 못했다. 전문가들은 이미 2020년까지도 남은 4퍼센트를 채우기 어려울 것으로 내다봤다. 지금까지 앞서 있던 스페인이 선두 자리에서 스스로 물러나지 않을까 우려하고 있다.

발전차액지원제도(FIT) 때문에 스페인 재생에너지는 눈에 띄는 성장을 이뤘다. 이 정책은 특히 태양광 발전에 넉넉한 지원금을 책정하고, 신규 설치에 제한을 두지 않았다. 하지만 투자가 급격하게 늘면서 신규 설비들이 설치되는 반면 수요는 경제위기로 정체됐다. 오래된 기존 발전 시설들이 폐쇄됐지만 재생에너지에 자리를 내주는 일은 일어나지 않았다.

근본 원인은 잘못 설계된 전기요금 체계에 있다. 에너지 기업이 소비자에게 청구할 수 있는 금액보다 발전 비용이 높을 경우, 정부가 발전사에 이를 보상해준다. 이런 보상 청구가 늘어나 정부가 기업에 지불해야 하는 금액은 250억 유로(약 34조 원)로 불어났다. 이는 스페인 국내총생산 2.5퍼센트에 달한다.

2012년과 2015년 사이 스페인 정부는 지원을 줄이고 심지어 소급 감축까지 도입했다. 적자 해결을 위해 세 가지 방향을 잡았다. 첫째, 소비자에 청구하는 전기요금, 특히 가정과 소규모 기업을 포함해 연간 20메가와트시(MWh) 아래 사용자에게 부과하는 요금을 높였다. 결국 전기요금은 1메가와트시마다 300유로로 올랐다. 이는 유럽연합에서 가장 높은 가격이다.

둘째, 재생에너지에 대한 지원금을 삭감해 발전차액지원제도를 약화시켰다. 그 결과 재생에너지 부문에서 불확실성이 더욱 커졌다. 전기요금 적자는 재생에너지를 희생해 줄였지만, 재생에너지 부문에서 8만 명이 넘는 사람들이 일자리를 잃었다.

10년 전 유럽은 재생에너지 부문이 급속히 성장하는 스페인을 주목했다. 그 영광의 날들은 과거의 일이 됐다.

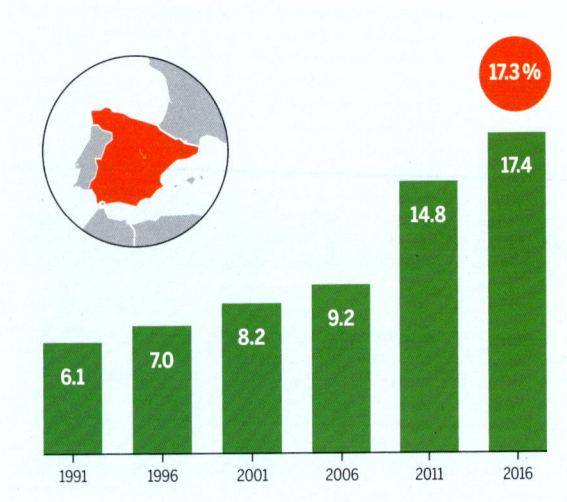

스페인 – 지나간 영광
재생에너지의 소비량과 최종 에너지 소비 비중, 단위: 백만 석유환산톤(TOE), %

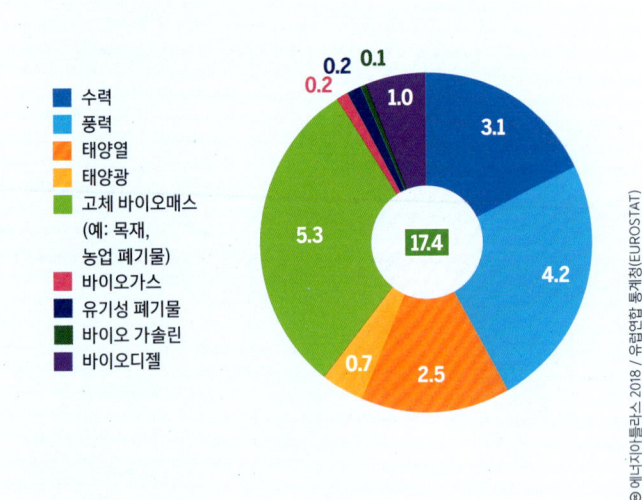

2016년 에너지원에 따른 재생에너지 소비, 단위: 백만 석유환산톤(TOE)

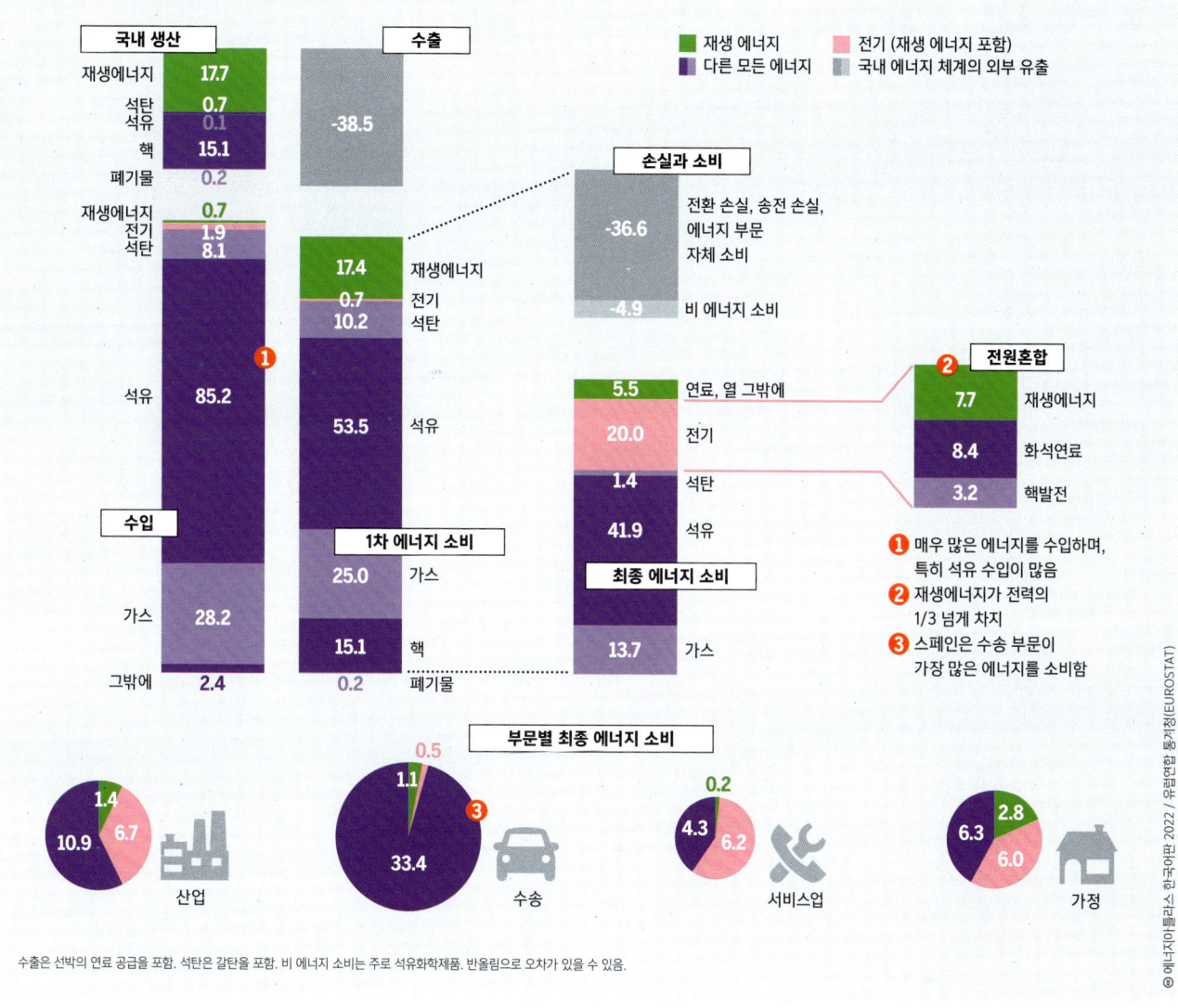

끝으로, 정부는 재생에너지 전환 목표를 낮게 수정했다. 전력 체계에 발생하는 추가비용을 채우려고 태양광 지붕 같은 시설에 '태양세'를 도입했다. 태양광 패널 소유자가 자신이 생산하는 전기를 쓰면, 전력망에 연결하는 요금을 지불해야 한다. 이 조치는 태양광 패널 소유자가 초과 전력을 전력망에 저렴하게 공급하도록 해, 자가 전력의 이점을 앗아가 버렸다. 그 결과 자가 전력의 소비 수준이 거의 0에 가깝게 떨어졌다.

정책이 바뀌면서 재생에너지 공급이 불안정해졌고 투자는 줄었다. 최종 에너지 소비에서 재생에너지가 차지하는 비율은 2012년에서 2015년 사이 14.3퍼센트에서 16.2퍼센트로 서서히 늘었다. 유럽에서는 가장 낮은 증가율이었다. 2013년에서 2015년 사이 유럽 전체에서 풍력 발전설비가 20퍼센트 넘게 늘었지만, 스페인에서는 겨우 0.07퍼센트 늘었을 뿐이다. 태양광 상황도 마찬가지였다. 같은 기간 유럽 전체 태양광 발전량은 15퍼센트 늘었지만 스페인은 0.3퍼센트에 그쳤다.

하지만 전망이 어둡기만 한 것은 아니다. 이전에 에너지는 토론에서 다룰 만한 주제가 아니었지만, 이제는 공론장에서 다루는 중요한 주제가 됐다. 지속가능한 사회나 민주적 에너지 관리를 이야기할 때 재생에너지를 빼고는 논의할 수 없다.

최근에는 에너지 관련 협동조합과 기업들이 늘어났다. 지자체 단위 협의체들은 지속가능한 에너지 개발, 자가 발전, 에너지 모델의 민주화에 중점을 두고 있다. 앞으로 시민들은 지속가능한 방향으로 국가 에너지 정책을 끌고 갈 것으로 보인다.

스페인은 대규모 풍력과 태양광 발전 잠재력이 유럽에서 가장 크다. 하지만 정부는 재생에너지 확산 흐름을 막아 비용을 통제하고 낡은 발전소를 유지하려고 한다. 스페인에서 재생에너지는 거꾸로 가는 정책과 정치 환경에 직면해 있다. 이 상황은 조만간 약화될 수도 있다. 개정된 유럽연합 재생에너지 지침은 스페인이 에너지 전환에 앞장서도록 압박할 수 있기 때문이다. 그때는 스페인의 에너지 전환을 위해 재생에너지에 필요한 법적 안전성과 투자 안전성을 회복할 수 있을 것이다. ●

재생에너지로 전환하면 스페인은 석유 의존도가 눈에 띄게 낮아질 것이다.

프랑스

거대한 계획, 거대한 진전

프랑스 에너지 체계를 지배하는 핵발전은 끝나야만 한다. 만약 이 문제를 정치 영역에서 합의한다면 프랑스는 그 어떤 나라보다 전력 체계의 큰 변화를 만들 수 있을 것이다.

프랑스는 핵발전소가 전체 에너지의 75퍼센트를 생산하는 것으로 유명하다. 그렇지만 정책 입안자들은 재생에너지원으로 전환하기로 결정했다. 2012년 11월과 2013년 7월 사이 정부는 에너지 전환 논의를 전국 곳곳에서 진행했다. 이 논의는 모든 주요 이해관계자들에게 '탈핵'과 '저탄소' 미래를 위한 비전을 개발하도록 촉구했다.

2015년 프랑스 의회는 에너지 전환 관련 첫 번째 법안을 통과시켰다. 온실가스 배출량은 1990년 대비 2050년까지 75퍼센트 감축하고, 최종 에너지 소비량을 절반으로 줄이겠다는 의욕을 내보였다. 이러한 뚜렷한 변화를 앞세운 목표는 2025년까지 핵발전의 전력 점유율을 75퍼센트에서 50퍼센트까지 줄이는 안이 포함돼 있다. 또한 2030년까지 최종 에너지 소비에서 재생에너지 점유율을 32퍼센트까지 높이고, 재생에너지를 전체 전력 생산의 40퍼센트까지 끌어올리는 안이 포함돼 있다.

재생에너지에 대한 이러한 약속은 전혀 놀라운 일이 아니다. 1940년대 프랑스는 수력발전에 막대한 투자를 했다. 이것은 1970년대 석유파동으로 핵발전소 58기와 63기가와트의 핵발전 용량으로 세계 최대 규모 핵발전소를 건설하기 전이었다. 현재 25기가와트에 이르는 수력발전소는 프랑스 재생에너지에 가장 크게 기여하고 있다. 이 수력발전의 양수발전(pumped storage) 용량은 겨울철 높은 수요를 처리할 수 있을 만큼 충분히 유연하기 때문에, 전체 건물의 3분의 1이 이 전기로 난방을 할 수 있다. 바이오매스에서 특히 목재는 재생에너지 1차 에너지 소비량 40퍼센트를 넘게 차지한다.

최근 진전을 보이고는 있지만, 1차 목표 시기인 2020년까지 전체 에너지 소비에서 재생에너지가 23퍼센트를 달성하려면 프랑스는 더 노력해야 했다. 2016년 장기 에너지 계획(Programmation pluriannuelle de l'énergie)은 몇 가지 중간 목표를 수립했다. 여기에는 전기 생산에서 재생에너지 비율을 70퍼센트, 열 부문에서는 36퍼센트 높이는 것이 포함된다.

프랑스는 천연자원이 풍부하다. 2016년 프랑스 환경에너지지청(Ademe) 조사에 따르면 2050년까지 재생에너지로 100퍼센트 전력 생산이 가능하다. 재정 문제도 걱정 없다. 2017년 에너지전문가협회 네가와트(négaWatt)는 2050년까지 수송을 포함한 모든 분야에서 100퍼센트 재생에너지, 탄소 중립 에너지 체계에 도달할 수 있는 시나리오를 공개했다.

태양에너지와 풍력에너지는 최근 몇 년 동안 뚜렷하게 성장한 재생에너지다. 2010년과 2016년 사이 해상풍력에서 얻은 발전설비 용량은 12기가와트로 두 배나 늘었다. 목표는 2023년까지 22~26기가와트에 도달하는 것이다. 태양에너지 발전 용량은 2010년과 2016년 사이 8배나 늘었는데, 2016년 말 태양 발전설비는 이미 7기가와트를 생산했다. 2023년까지 18~20기

핵발전은 이산화탄소를 배출하지 않는다. 하지만 후쿠시마 재앙 뒤로 프랑스는 핵발전을 재고하기 시작했다.

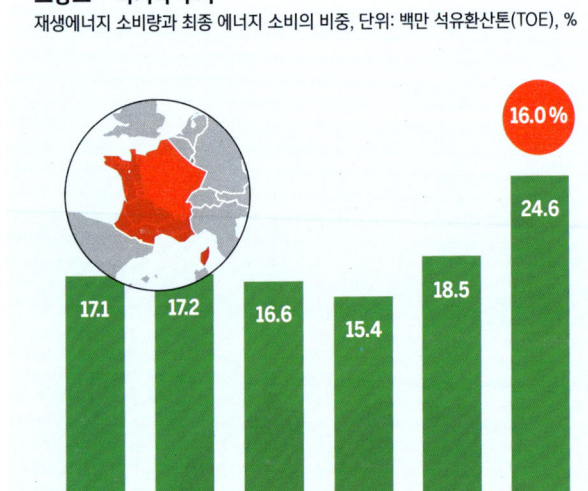

프랑스 - 마지막 주자
재생에너지 소비량과 최종 에너지 소비의 비중, 단위: 백만 석유환산톤(TOE), %

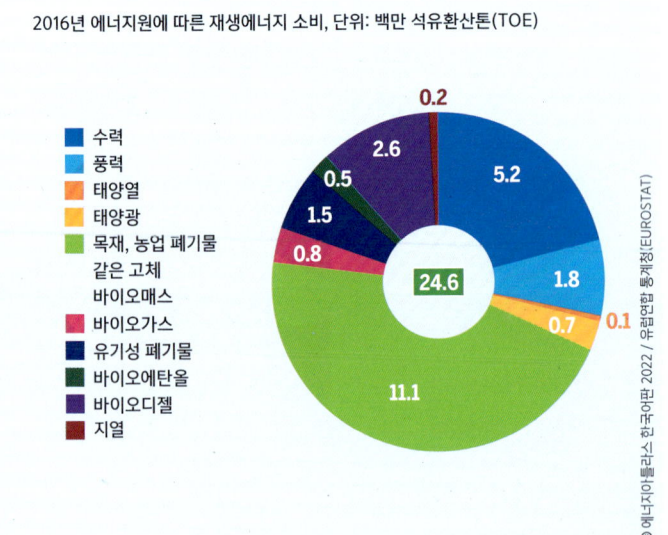

2016년 에너지원에 따른 재생에너지 소비, 단위: 백만 석유환산톤(TOE)

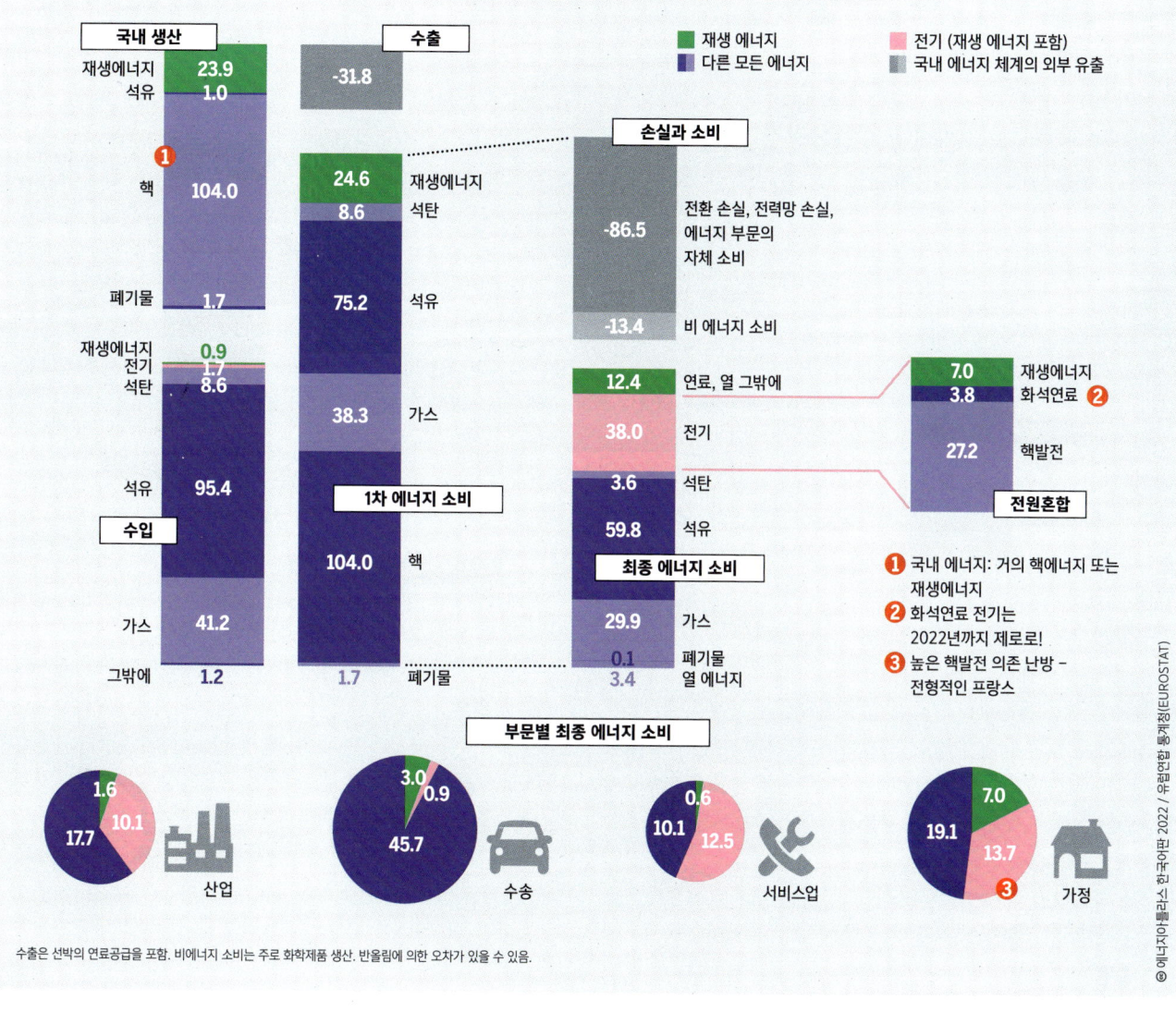

가와트에 도달하는 것이 목표다. 최근 몇 년 동안 발전 비용이 빠르게 줄었기 때문에 그 가능성이 높아졌다. 태양광 분야 비용은 10년 사이 거의 90퍼센트가 줄었다.

하지만 새 규정들이 재생에너지 사용을 방해하고 있다. 2000년대 초반 도입된 발전차액지원 제도는 추진과 중단을 반복하며 어려움을 겪었고, 행정 절차 때문에 전력망 연결은 지연됐다. 유럽 다른 국가들과 마찬가지로 프랑스도 2014년 뒤로 우선 시장에 맡겨두는 방식에 강하게 의존해 왔다. 재정 위험을 불러올 수 있는 시장 프리미엄과 경쟁입찰(주로 태양열, 바이오매스, 해상풍력 발전)이 여기에 포함된다. 2015년 에너지 전환법은 이 문제 일부를 다루고 있지만, 목표한 것처럼 새로운 재생에너지가 해마다 두 배씩 성장하려면 더 노력해야 한다.

핵발전과 경쟁해야 하는 상황은 큰 장애물이다. 2017년 핵발전소 대부분은 평균 수명이 32년이었고, 머지않아 설계 수명인 40년에 다다를 것이다. 프랑스 전력공사(EDF)는 운영 기간을 60년으로 연장할 계획이다. 현재 원자로를 수리하는데 550억 유로 정도 드는 것으로 추산했는데, 이 비용은 재생에너지

> 프랑스는 높은 핵발전 비중으로 유럽연합에서 가장 특이한 에너지 이력을 가지며, 핵발전을 멈추기 위한 가장 큰 도전에 직면해 있다.

에 투자해야 할 공공 기금에서 온 것이다. 2025년까지 핵에너지 점유율을 75퍼센트에서 50퍼센트로 줄이는 일은 에너지 계획에서 가장 어려운 목표다. 정부는 이미 이 목표를 2030년으로 연기한다고 발표했다. 대규모 핵발전 용량을 유지하는 동시에 재생에너지 비율을 높이는 전략은 설비 과잉과 전력 가격 하락을 불러올 수 있다. 유럽 에너지 시장에서 중심 역할을 하는 프랑스의 영향력을 고려하면, 국가 차원에서 유럽연합 기후정책과 에너지정책을 조정하는 것은 매우 중요한 일이다.

프랑스 정부는 유럽연합 배출권 거래제(ETS) 일환으로 유럽 전역에서 하나로 통일한 이산화탄소 최저가격을 제안했다. 핵에너지를 두고 의견 차이가 있지만 프랑스와 독일의 에너지 전환 전략이 받아들여지고 있으며, 이것은 새로운 협력과 유럽연합의 강력한 바람을 이룰 기회다. ●

독일
모범이 아니다

**독일의 에너지 전환은 주로 전력 부문에 영향을 미친다.
난방과 수송 부문은 여전히 초기 단계에 있다.
가장 큰 문제는 석탄 발전이다.**

독일은 재생에너지로 전환하는 데 선두 주자로 평가되곤 한다. 2022년까지 핵발전소를 폐쇄하고 해당 전력량 대부분을 재생에너지로 대체할 예정이었다. (최근 러시아 우크라이나 전쟁으로 에너지 위기에 놓이면서 2023년 상반기까지 일부 원자로를 유지하기로 했다. *편집자 주) 독일은 2018년 이미 전력 36퍼센트를 재생에너지원으로 생산해왔다. 대부분 풍력과 태양광이다. 독일의 목표는 2050년까지 80~95퍼센트 수준으로 높이는 것이다. 중기 목표는 2025년 45퍼센트, 2035년 65퍼센트로 잡았다. 독일은 이미 상당한 진전을 이뤘다.

독일에서 발전차액지원제도(FIT, 기준가격매입제도)는 안정된 투자 환경을 조성해 에너지 전환을 이끌었다. 시장가격과 비교해 차액을 기준가격으로 지원해 경제성을 보장했다. 이 기준가격은 풍력과 태양광 발전 기술 추세를 반영하기 위해 해마다 새로 설정했고, 대부분 5~7퍼센트 수익을 창출했다. 이 제도 때문에 일반 시민과 농부, 공동체, 지방자치단체, 협동조합 모두가 독일의 에너지 전환을 만들어가는 데 기여할 수 있었다. 이 제도에서 눈에 띄는 또 다른 규정은 재생에너지원으로 생산된 전력을 전력망으로 우선 공급한다는 규정이다.

발전차액지원제도는 독일이 1990년 처음 정책을 수립할 당시 예상했던 것보다 훨씬 빨리 재생에너지 보급 목표를 달성하는 데 크게 기여했다. 하지만 이러한 뛰어난 성과는 또 다른 도전들과 정책 조정으로 이어졌다. 2016년 뒤로 발전 용량이 750킬로와트를 넘는 대형 태양광 시설과 풍력 발전 시설은 발전차액지원제도 대상에서 빠지고 반드시 정부에서 관리하는 경매 시장에 참가하게 됐다. 이 새로운 규정은 가장 경쟁력 있는 가격을 제시할 수 있는 대형 개발자에게 유리하다. 시민과 농부, 협동조합은 다시금 밀려나게 됐다.

에너지 전환에서 가장 어려운 것은 전통 에너지 체계를 재생에너지에 기반한 새로운 체계에 맞춰 조정하는 일이다. 독일 전통 전력 회사들은 기존 생각을 과감히 바꿔야 했다. 그들은 처음에는 이 새로운 전력원이 전원혼합에서 이렇게까지 큰 역할을 하리라고 믿지 않았다. 재생에너지를 확대하려면 수요와 공급을 조정하기 위한 기반시설과 디지털화에 투자해야 한다. 더 나아가 전기, 열, 교통 부문은 더 강력하게 연결돼야 한다. 부문 간 연결은 결국 교통 부문뿐만 아니라 난방과 냉방의 전기화를 더 강력하게 촉진해야 한다는 의미다.

현재 독일 에너지 전환 정책은 전력 부문만을 대상으로 하는데, 독일의 에너지 부문 전체에서 전력 부문이 차지하는 비중은 20퍼센트에 그친다. 난방과 냉방, 수송 부문이 나머지 80퍼센트를 차지하며 대부분 화석연료에 기반하고 있다. 따라서 독일이 에너지 전환을 이루려면 반드시 이 부문들을 다뤄야 한다. 스마트 계량기와 전기차 기반시설, 전력 저장용 배터리 투자만으로는 안 된다. 에너지 소비를 상당한 수준으로 줄이기

*갈탄 발전소, 내연기관과 확실하게
결별하면 독일은 재생에너지 수요와
공급을 끌어올릴 것이다.*

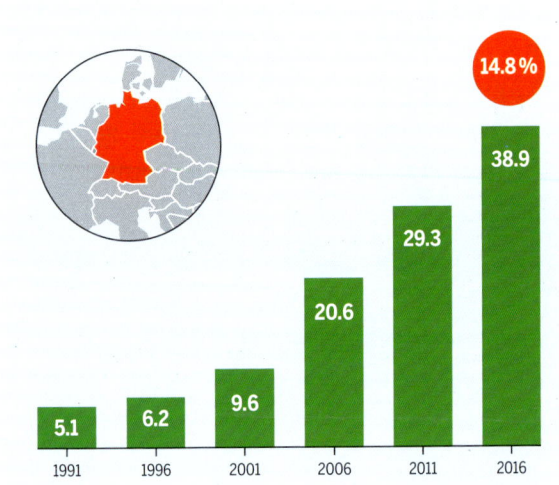

독일 – 전기에만 국한된 진보
재생 에너지 소비량과 최종 에너지 소비의 비중, 단위: 백만 석유환산톤(TOE), %

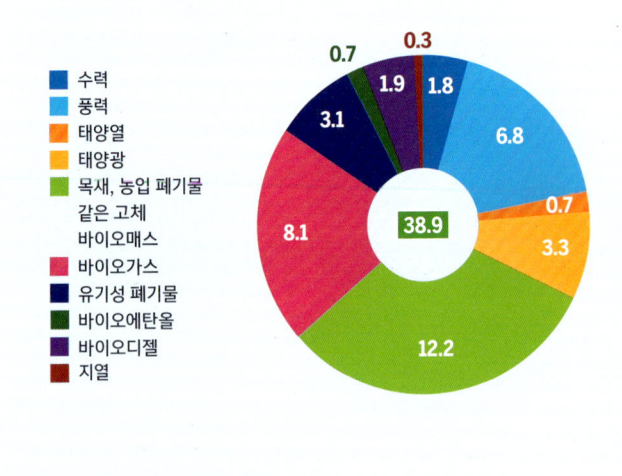

2016년 에너지원에 따른 재생에너지 소비, 단위: 백만 석유환산톤(TOE)

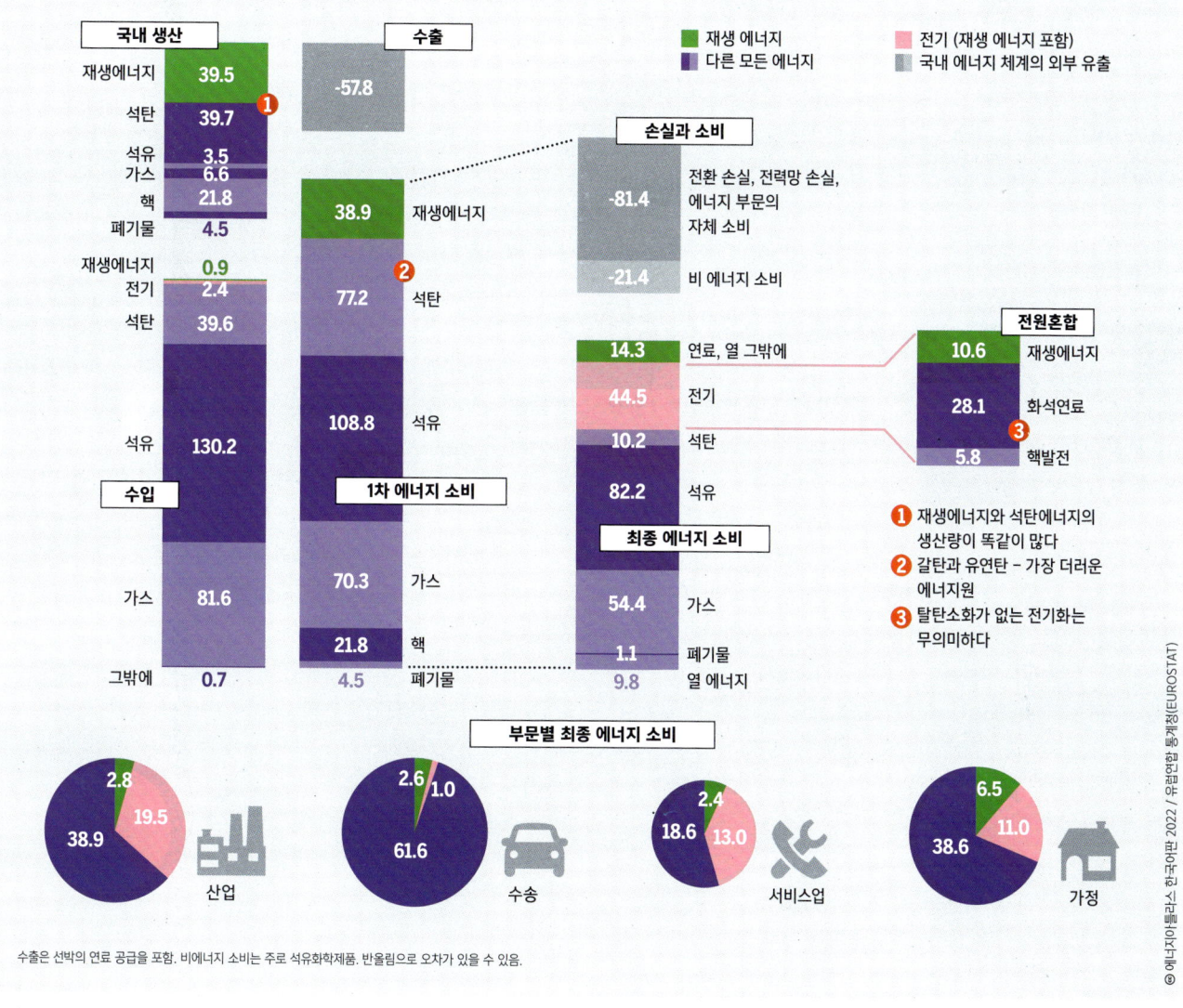

위한 노력도 뒤따라야 한다.

독일이 에너지 전환을 추진하는 이유는 수입 화석연료 의존도를 낮추기 위해, 그리고 온실가스 배출량 감축 목표를 지키기 위해서다. 독일은 전체 에너지의 61퍼센트를 수입하는데, 정치적으로 불안정한 곳에서 수입하는 경우도 많다. 에너지 전환은 수입 의존도를 줄여줄 것이다. 한편, 재생에너지 성장이 온실가스 배출을 유의미한 수준으로 낮추지는 못했다. 필요한 것보다 훨씬 많은 전력을 생산하기 때문이다. 2016년 독일은 생산 전력의 8퍼센트 가량을 수출했다. 독일이 생산하는 에너지의 40퍼센트는 탄소 집약 에너지원인 석탄을 태워서 얻는다. 독일 석탄화력 발전소 약 100여 곳이 독일 전체 온실가스의 약 3분의 1을 배출한다. 따라서 독일이 세운 국가 기후변화 대응 목표를 충족하려면 탈석탄이 중요하다. 현 상태 그대로 변화가 없다면 2020년까지 배출량 40퍼센트를, 2050년까지 80~95퍼센트 줄이는 목표를 달성하지 못할 것이다.

독일은 지리상으로 유럽 중앙에 있어 많은 도움을 받았다. 필요할 때 이웃 국가들에 의지할 수 있었기 때문이다. 바람이

에너지 체계 모든 영역에 걸쳐 재생에너지가 핵발전을 앞질렀지만, 아직 화석연료를 따라잡지는 못했다.

잠잠하거나 구름이 많이 진력 생산량이 충분하지 않을 때마다 독일은 수입에 기댈 수 있다. 따라서 전력 저장이나 전력 생산 유연성에 관련된 투자를 할 필요가 없었다.

전력 부문, 난방과 냉방, 수송 부문은 반드시 결합돼야 한다. 이 부문 결합은 정책입안자들에게 새로운 에너지 체계를 만들 수 있는 다양한 가능성을 제공할 것이다. 수송 부문은 특히 중요하다. 탈탄소화를 위해 아직 갈 길이 멀기 때문이다.

많은 정치적 논쟁에서 에너지 전환은 좋은 쪽으로 다뤄지는데, 이는 일부 영역에서 에너지 전환에 많은 시민들이 참여해 왔기 때문이다. 화석연료 부문 종사자보다 훨씬 많은 약 33만 4000명이 재생에너지 부문에서 일하고 있다. 하지만 에너지 전환이 일반 시민보다 대기업에 더 이익이 되는 것으로 드러날 경우 이러한 긍정 시각은 바뀔 수 있다. ●

이웃 국가들
불확실성의 체감

유럽연합이 석유, 가스, 석탄을 수입하는 많은 나라들은 민주주의 국가가 아니며 정치 상황이 불안정하다. 에너지 전환은 이러한 수입 구조를 끝낼 수 있지만, 유럽연합은 현 상황을 유지하고 싶어 한다.

재생에너지 발전에도 유럽연합은 여전히 에너지 수요의 54퍼센트를 수입한다. 많은 비용을 들여 원유 90퍼센트와 천연가스 69퍼센트를 수입하고 있다. 2013년 유럽연합은 연료 비용으로 4,000억 유로를 지출했으며, 2015년에도 2,600억 유로 넘게 지출했다. 이 차이는 수요 감소에서 비롯된 것이 아니라 세계시장 가격이 하락했기 때문이다. 이는 유럽연합이 자원 부문 가격변동에 얼마나 취약한가를 보여준다.

또 다른 우려는 유럽연합 국가들이 일부 공급 국가에만 너무 의존해 공급 안정성이 위태롭다는 것이다. 유럽연합은 2015년 원유를 러시아 28퍼센트, 노르웨이 11퍼센트, 나이지리아 8퍼센트, 사우디아라비아에서 8퍼센트 수입했다. 러시아(29%)와 노르웨이(26%)는 가장 큰 가스 공급국이며, 알제리(9%)와 카타르(6%)가 뒤 따른다. 원유와 가스는 절반 넘는 양을 4개 국가에서만 수입한다.

유럽은 2004년 유럽 인접 국가 정책(ENP)을 통해 이웃국가들과 관계를 맺고 있다. 이 정책의 목표는 유럽연합을 둘러싼 지역에 '안정된 우호관계 국가들의 고리'를 만들고 민주주의, 법치주의, 시장경제 발전을 촉진하는 것이다. 에너지 문제는 유럽연합이 외교정책을 펼 때 매우 중요한 요소다.

유럽은 2008년 지중해연합(UfM)과 2009년 동방파트너십(EaP)을 추가해 유럽근린외교정책을 보완했다. 노르웨이와 스위스처럼 이미 유럽연합과 밀접한 관계에 있는 나라 뿐 아니라 다른 이웃 국가들을 후보국으로 세운 것이다. 벨라루스, 몰도바, 우크라이나, 남 카프카스 지역의 아제르바이잔과 조지아가 이에 해당한다. 유럽연합은 이 국가들의 경제 발전을 장려한다. 하지만 사실은 우크라이나를 통해 러시아에서 유럽연합 회원국으로 들여오는 천연가스를 보장받는 일에 더 큰 가치를 뒀다. 주요 목표는 화석연료 수입을 안전하게 지속하는 것이다. 유럽연합은 러시아와 자체 계획을 세웠는데, 이는 유럽연합이 천연가스와 석유에 대한 의존도를 계속 유지하려는 것이다. (최근 러시아 우크라이나 전쟁으로 천연가스 공급에 차질을 빚어 정책 유지에 어려움을 겪고 있다. *편집자 주)

기후정책과 관련해 동방파트너십은 유럽연합 내부시장과 마찬가지로 청정에너지원 개발을 촉진한다. 동방파트너십은 장차 에너지 효율 증진, 국가들을 연결한 전력망 증가, 산업용 온실가스 배출 감소, 기후변화 적응 농업 같은 목표를 추구한다. 반면 지중해연합에서는 규제와 시장 자유화가 중요한 주제다. 에너지와 기후 보호 조치는 중요한 전략이지만, 동방파트너십과 달리 지중해연합은 공급 안정성에는 초점을 덜 맞추고 있다. 지중해 국가의 태양열과 풍력 발전은 경제에 자극제가 되고, 동시에 지속가능한 경제발전이 지역사회 민주화에 기여할 수 있다.

유럽연합은 당장 짧은 기간 안에, 그리고 조금 멀리 보며 공급 안정성을 높이기 위해 다양한 방법으로 가스와 석유를 들여오는 방법을 모색하고 있다. 액화 천연가스인 엘엔지(LNG) 기술은 가스거래 시장을 세계로 넓혔다. 엘엔지는 선박

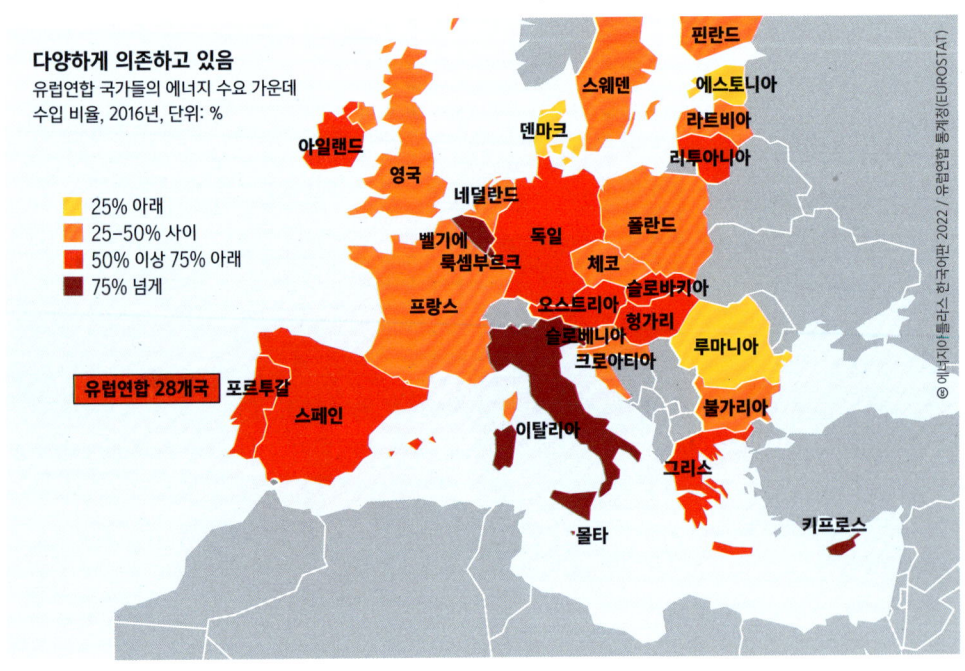

에너지 안보는 모든 유럽연합 국가들이 원하는 것이지만, 저마다 영향 받는 정도가 다르다.

누가 유럽으로 공급하는가? 국제 관점에서 본 유럽의 에너지 수입
화석연료 주요 공급국, 2016년

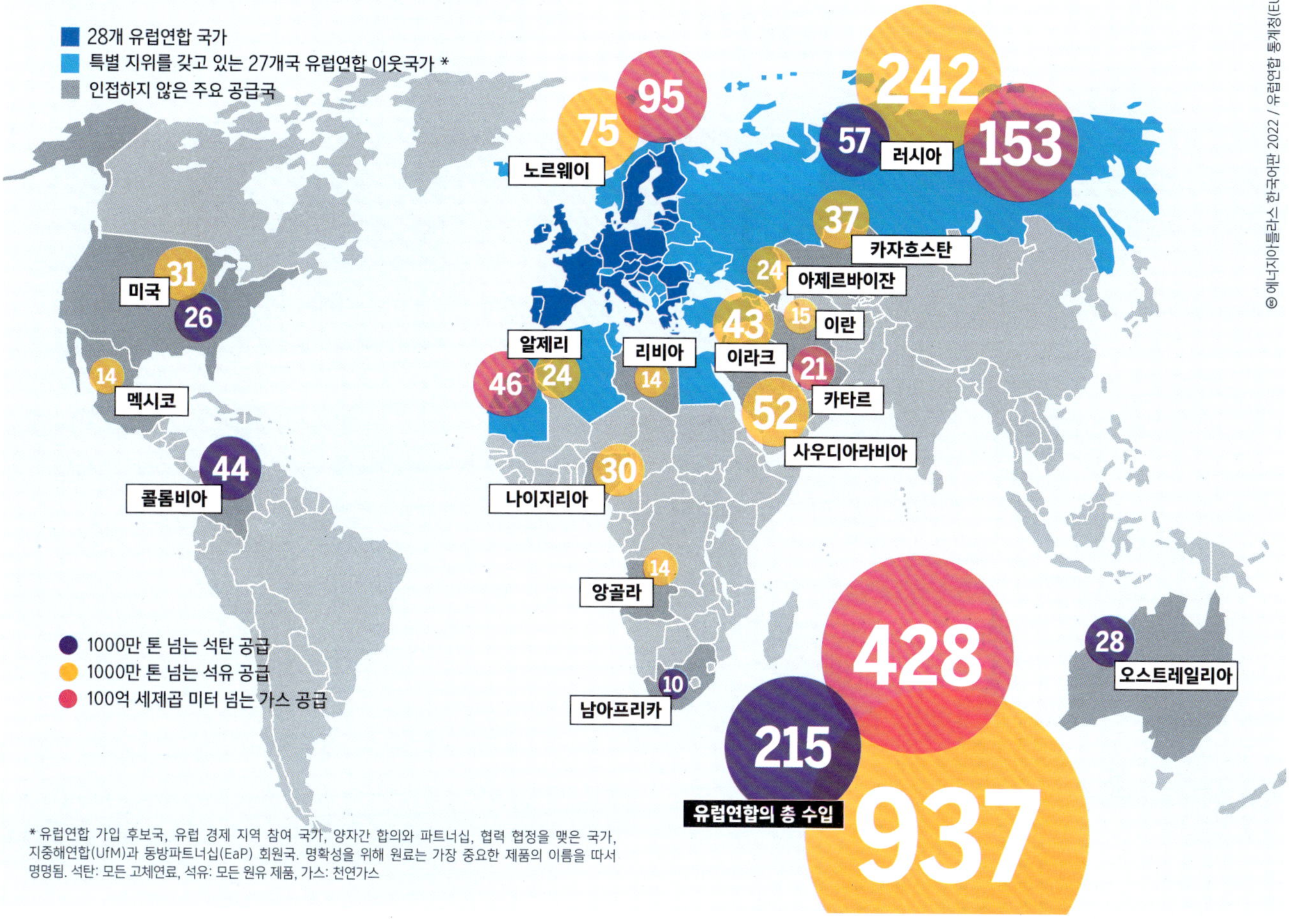

- 28개 유럽연합 국가
- 특별 지위를 갖고 있는 27개국 유럽연합 이웃국가 *
- 인접하지 않은 주요 공급국

- ● 1000만 톤 넘는 석탄 공급
- ● 1000만 톤 넘는 석유 공급
- ● 100억 세제곱 미터 넘는 가스 공급

주요 수치 (단위별 공급량):
- 노르웨이: 95, 75
- 러시아: 242, 57, 153
- 카자흐스탄: 37
- 아제르바이잔: 24
- 이란: 15
- 이라크: 43
- 카타르: 21
- 사우디아라비아: 52
- 알제리: 46, 24
- 리비아: 14
- 나이지리아: 30
- 앙골라: 14
- 남아프리카: 10
- 미국: 31, 26
- 멕시코: 14
- 콜롬비아: 44
- 오스트레일리아: 28
- 유럽연합의 총 수입: 428, 215, 937

* 유럽연합 가입 후보국, 유럽 경제 지역 참여 국가, 양자간 합의와 파트너십, 협력 협정을 맺은 국가, 지중해연합(UfM)과 동방파트너십(EaP) 회원국. 명확성을 위해 원료는 가장 중요한 제품의 이름을 따서 명명됨. 석탄: 모든 고체연료, 석유: 모든 원유 제품, 가스: 천연가스

© 에너지아틀라스 한국어판 2022 / 유럽연합 통계청(EUROSTAT)

으로 운반하기 때문에 파이프라인이 굳이 필요하지 않다. 엘엔지는 2016년 유럽연합 총 가스 수입 8분의 1(490억 세제곱 미터)을 차지했다. 현재 17개국이 엘엔지를 수출하는데, 이것은 독점 수출국가 하나가 파이프라인 하나로 가스 수송을 독점하는 것을 막아준다. 엘엔지는 가스시장을 세계 어디서나 가능하게 했고 이것이 수출국가들 사이 강력한 경쟁을 불러왔다.

러시아에서 수입하는 양을 줄이고 여러 나라에서 가스를 수입하려는 노력은 정치 문제와 충돌하기도 한다. 러시아와 독일 사이 해저 천연가스 파이프라인(Nord-Stream-2)과 같은 가스 기반시설에 투자하는 것은 정치적 의존도를 지속시킨다. (최근 전쟁 상황이 이를 반증한다.) 또한 에너지 부문의 탄소발자국을 줄이고자 하는 유럽연합 목표를 저해한다. 유럽 인접국가 정책(ENP) 목표는 파리기후보호협약에 의거한 유럽연합 의무와 부딪힌다.

동유럽 국가들과 기존 서유럽 국가 회원들 사이 이해는 종종 서로 다르다. 마찬가지로 유럽연합 회원국들의 지정학 상황과 장기 공동 이익은 변하기 마련이다. 유럽연합은 수입 의존도를 줄이려고 에너지 효율을 개선하며 재생에너지 개발을 촉진

지속가능한 에너지 생산의 또 다른 과제는 이웃국가들의 공급 수준을 개선하는 것이다.

유럽의 에너지 전환은 외교 요소를 포함한다. 러시아에서 에너지를 수입하지 못한다면 러시아는 유럽연합에서 경제 가치를 잃을 것이다.

하고자 한다. 동시에 유럽연합은 동유럽과 남부유럽의 이웃국가들도 자체 재생에너지원을 개발하고 에너지 효율을 개선하며 전력을 거래하고 수요와 공급 한계를 조정하는 전력망을 건설하도록 도울 수 있을 것이다. ●

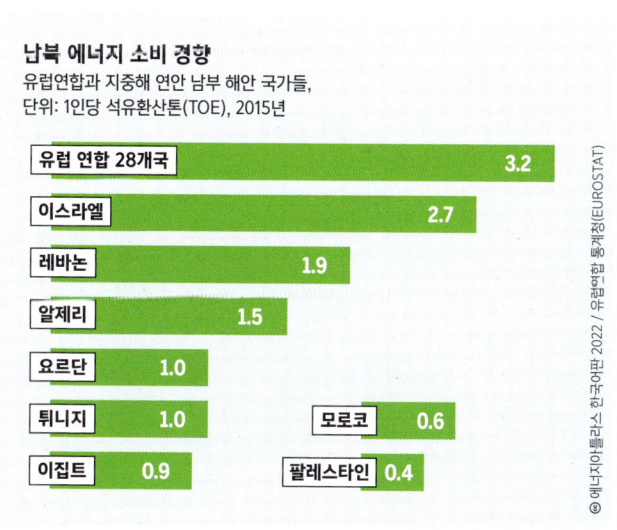

남북 에너지 소비 경향
유럽연합과 지중해 연안 남부 해안 국가들,
단위: 1인당 석유환산톤(TOE), 2015년

국가	값
유럽 연합 28개국	3.2
이스라엘	2.7
레바논	1.9
알제리	1.5
요르단	1.0
튀니지	1.0
모로코	0.6
이집트	0.9
팔레스타인	0.4

© 에너지아틀라스 한국어판 2022 / 유럽연합 통계청(EUROSTAT)

한국
에너지 전환, 절반의 시작

세계 온실가스 누적 배출량 순위 17위인 한국은 에너지 분야에서 가장 많은 온실가스를 배출한다. 화석연료와 핵발전 중심에서 시민참여형 재생에너지 확대로 에너지 전환 정책이 시작됐지만, 새 정부는 지속 가능한 탄소중립 사회를 향한 앞선 정책에서 뒷걸음치고 있다.

2022년 10월 세계기상기구(WMO) 연례 보고서는 지구 평균 온도 상승 폭을 1.5도로 제한하는 파리협정 이행을 위해 '2030년까지 2019년 대비 온실가스 43퍼센트를 감축한다'는 국제사회 목표가 지금 상태라면 30퍼센트만 이뤄지게 된다고 내다봤다. 2019년 영국을 시작으로 130여 국가들이 2050년까지 탄소배출량을 0으로 만드는 '탄소중립' 계획을 세웠지만, 1.5도 상승을 막기 어렵다는 평가가 나온 것이다. 유엔환경계획(UNEP) <2022년 배출량 격차 보고서>에 따르면 나라마다 세운 국가온실가스감축목표(NDC)를 이행한다 해도 세기말까지 섭씨 2.4~2.6도 오를 것으로 추정했다. 현재보다 더 강도 높은 감축 행동으로 1도를 더 낮춰야 한다는 뜻이다. 태양열, 태양광, 풍력 발전 비율을 앞으로 8년 동안 두 배로 높여야만 한다. 온실가스 배출원인 화석연료에서 재생에너지원으로 빠르게 전환하는 것이 기후위기에 직면한 세계 국가의 당면 과제다.

한국은 현재(2022년 11월 기준) 석탄발전 1인당 온실가스 배출량이 G20 국가에서 두 번째로 많고 세계 평균보다 세배나 높은 것으로 나타났다. 매켄지 보고서에 따르면 한국은 세계 8위 이산화탄소 배출국이며 1인당 배출량도 세계 평균치의 두 배를 넘어섰다. 온실가스 배출을 줄여야 하는 책임 부담 지표인 누적 배출량에서도 17위에 올랐다. 2020년 10월 한국 정부도 '탄소중립'을 선언하고 '2050 탄소중립 추진전략'을 세우고 '탄소중립시나리오'도 확정했지만 2022년 온실가스 배출량은 지난해보다 되레 3.5퍼센트 늘었다. 에너지 전환 전략으로 재생에너지 확대 전략을 이행해 왔지만 재생에너지 비중은 6.7퍼센트로 경제협력개발기구(OECD) 평균 4분의 1 수준에 머물고 있다. 전력 생산에서 최대 발전원은 32퍼센트인 석탄이다. 온실가스 배출량에서 우리가 차지하는 기여도를 고려하면 한국 역시 국가 온실가스 감축 목표를 높이고 여전히 정체 상태인 재생에너지 확대에 힘써야 한다. 그동안 수립된 정책을 평가하고 어떤 노력을 해야 하는지 점검해야 한다.

2017년 12월 문재인 정부는 '삶의 질을 높이는 참여형 에너지 체제로 전환'을 목표로 '재생에너지 3020 이행계획'을 수립하면서 우리나라도 에너지 전환의 발걸음이 본격화됐다. 재생에너지 전력 비중을 2030년까지 20퍼센트로 늘리고, 누적 설비용량도 63.8기가와트(GWh)로 높이는 계획이 2018년부터 실행에 들어간 것이다. 2019년에서 2040년까지 운영하는 제3차 에너지기본계획에 석탄발전 감축 필요성을 담았고, 발전용 연료 세율 체계 조정으로 화석에너지 세제 혜택을 축소해 친환경에너지에 유리한 제도를 마련했다. 이런 정책의 성과로 2017년 1,362메가와트(MWh) 태양광 신규 설비용량이 2020년 4,658메가와트, 2021년 4.8기가와트로 크게 늘었다. 주민들이 태양광 발전 사업에 직접 참여해 전력 판매로 마을 수입이 증가하

한국은 세계 8위 이산화탄소 배출국이다. 재생에너지 비중은 6.7퍼센트로 경제협력개발기구 평균 4분의 1 수준에 머물고 있다.

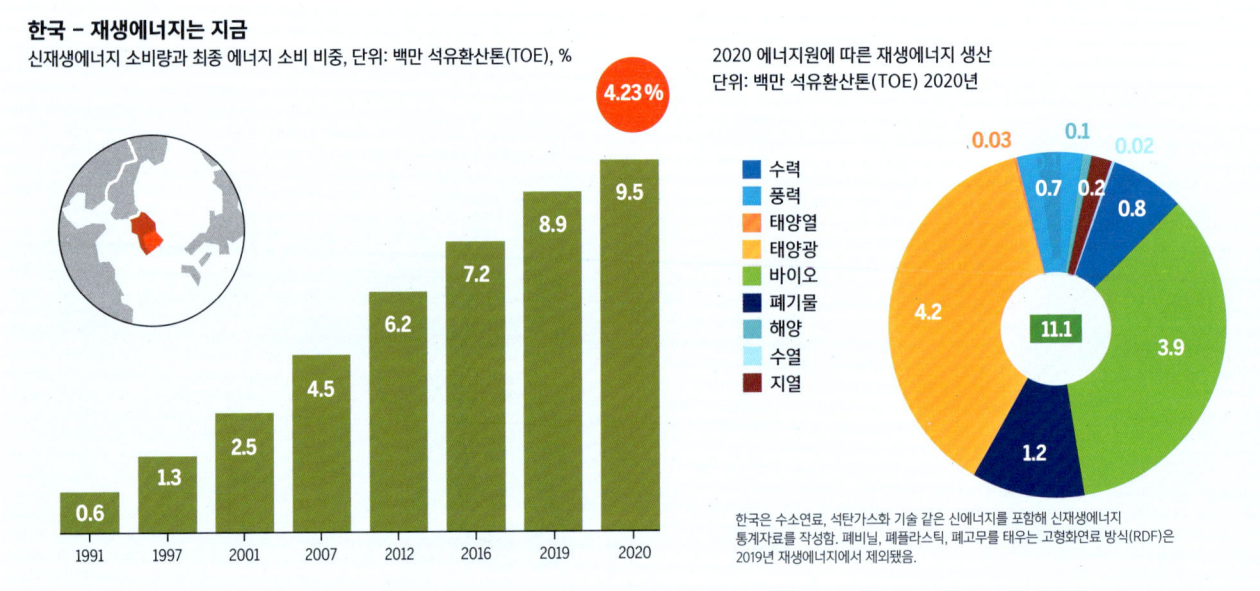

한국 – 재생에너지는 지금
신재생에너지 소비량과 최종 에너지 소비 비중, 단위: 백만 석유환산톤(TOE), %

4.23%

1991	1997	2001	2007	2012	2016	2019	2020
0.6	1.3	2.5	4.5	6.2	7.2	8.9	9.5

2020 에너지원에 따른 재생에너지 생산
단위: 백만 석유환산톤(TOE) 2020년

- 수력: 0.8
- 풍력: 0.2
- 태양열: 0.03
- 태양광: 4.2
- 바이오: 3.9
- 폐기물: 1.2
- 해양: 0.7
- 수열: 0.1
- 지열: 0.02

총계: 11.1

한국은 수소연료, 석탄가스화 기술 같은 신에너지를 포함해 신재생에너지 통계자료를 작성함. 폐비닐, 폐플라스틱, 폐고무를 태우는 고형화연료 방식(RDF)은 2019년 재생에너지에서 제외됐음.

© 에너지아틀라스 2022 한국어판 / 국가통계청(KOSIS) 한국에너지공단(KEA)

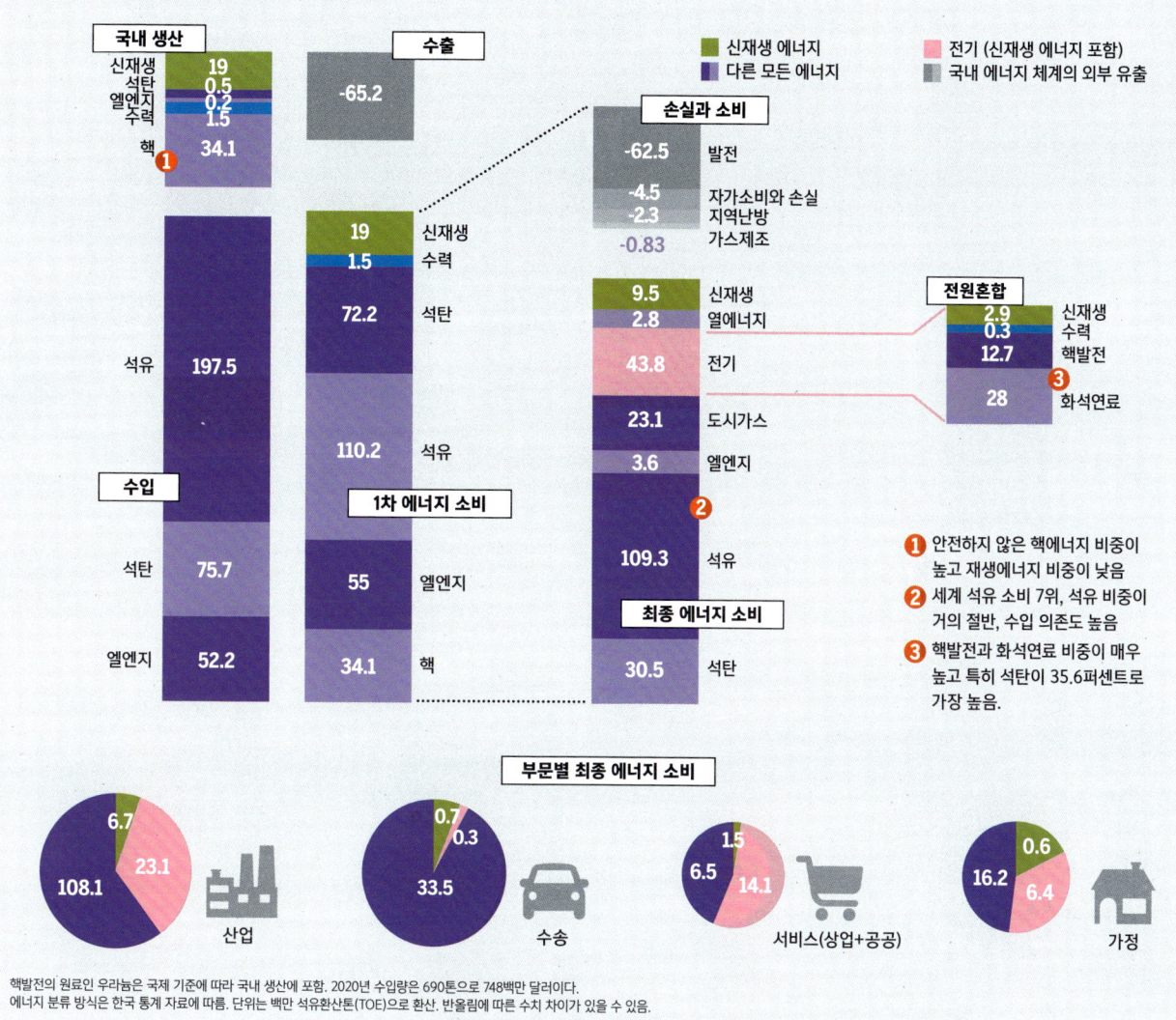

는 주민이익공유제도도 확대되면서 '햇빛연금'을 받는 시민들도 생겨나기 시작했다. 농업인이 발전 사업에 참여해 농가소득 보전에 기여하는 재생에너지 보급사업도 진행돼 농촌의 지속가능 발전과 에너지 전환의 결합도 이뤄졌다.

이 이행계획은 국가온실가스감축목표(NDC) 상향안에서 재생에너지 2030년 30.2퍼센트, 석탄 비중 21.8퍼센트(노후 석탄발전 24기 넘게 폐쇄)로 확대, 진전했다. 2021년 10월 확정한 '탄소중립 시나리오'는 2050년까지 재생에너지 발전량을 60에서 70퍼센트까지 늘리고 석탄발전은 완전 폐지하는 계획으로 확대됐다. 국제 사회에서 한국의 책임을 다하고 안보를 위협하는 기후재난에 대응하기 위해 반드시 필요한 것이었다. 비용 부담 문제, 태양광과 풍력 발전소 부지 확보, 분산형 전력망 체계 구축 같은 현실 문제들이 있지만, 지구 생존과 우리 사회가 지속가능하려면 반드시 실행해야 하는 계획이었다.

하지만 최근 한국 사회는 이제 막 시작한 에너지 전환의 걸음을 후퇴시키는 상황에 직면해 있다. 2022년 새 정부가 '실현 가능성'이 낮다는 이유로 재생에너지 비중을 축소하고 핵

> 한국은 2018년 본격 재생에너지로 에너지 전환의 걸음을 시작했다. 하지만 새 정부는 재생에너지 비중을 축소하고 핵발전 비중을 확대하는 정책으로 후퇴시켰다.

발전 비중을 확대하는 방향으로 전력수급기본계획을 확정했기 때문이다. 10차 전력수급기본계획에 따르면 2030년 발전량 비중에서 재생에너지는 21.5퍼센트로 국가온실가스감축목표(NDC) 상향안보다 8.7퍼센트 줄어들었다. 재생에너지 발전량 증가에 기여해 온 대규모 발전사업자의 재생에너지 의무조달 비율도 줄여나가기로 했고, 주민이익공유제도로 활용되던 협동조합 가산제도와 소규모 사업자에 대한 한국형 발전차액지원제도(FIT) 폐지 정책을 발표했다. 앞서 언급했듯 한국은 세계 17위의 온실가스배출량 감축 의무를 지켜야 할 책임이 있다. 이를 위해 재생에너지로 에너지 전환에 더욱 속도를 내야 하는 상황이다. 에너지프로슈머(소비자가 직접 에너지를 생산, 사용, 판매하는 것 *편집자 주)로 새생에너지 확대에 적극 참여하는 것도 중요하지만, 전환을 가로막는 정책 시정에 나서야 한다. 에너지 전환은 우리와 지구 전체의 생존이 달린 문제다. ●

글쓴이, 데이터, 그래픽 출처

10–11 역사 : 통합의 동력
글쓴이 : 라도스티나 프리모바(Radostina Primova)
10쪽 : 위키피디아(Wikipedia): Klimapolitik der Europäischen Union, http://bit.ly/2GbBKWx. 유럽연합 통계청(Eurostat), Gross inland energy consumption by fuel type, http://bit.ly/2FQdcoi. 유럽연합 집행위원회(European Commission), Energy Roadmap 2050, http://bit.ly/1YVLqWZ.
11쪽 : de.wikipedia, en.wikipedia

12–13 미래: 내일의 승자
글쓴이 : 클로드 튀르메스(Claude Turmes)
12쪽 : 프랑크푸르트 금융·경영대(Frankfurt School), FS-UNEP Collaborating Centre, Global trends in renewable energy investment 2017, http://bit.ly/2ntIJnq, 78쪽. – 국제에너지기구(IEA), IEA World Energy Outlook 2015, 다음에서 재인용: Alexander Richter, Geothermal energy and its role in the future energy mix, 2016, http://bit.ly/2p1An5q, 슬라이드 16.
13쪽 위 : 국제재생에너지기구(IRENA), Renewable energy and jobs. Annual Review 2017, http://bit.ly/2qViXHb, 21쪽.
13쪽 아래 : 프랑크푸르트 금융·경영대(Frankfurt School), 21쪽

14–15 경제: 주변에서 중심으로
글쓴이 : 레베카 베르트람(Rebecca Bertram)
14쪽 : 유럽연합 통계청(Eurostat), EU imports of energy products – recent developments, 10/2017, http://bit.ly/2p8oLwB. – 21세기를 위한 재생에너지정책네트워크(Ren21), Renewables 2017 global status report, http://bit.ly/2ghNrlA, 115쪽 – 유럽연합 집행위원회(EC)/외코 인스티튜트(Öko-Institut), RES-Study, 2017, http://bit.ly/2FNgw3l, 197쪽. 15쪽 : 유럽연합 통계청(Eurostat), Real GDP growth 2005-2015, http://bit.ly/2p6ZqmI. – 위키피디아(Wikipedia), http://i.imgur.com/q3YVLFL.jpg. – 유럽연합 통계청(Eurostat), Greenhouse gas emission statistics, http://bit.ly/2FL5XO4. – 유럽연합 통계청(Eurostat), Share of energy from renewable sources, http://bit.ly/1JW2ALu

16–17 시민 에너지: 작은 물방울이 전기가 된다
글쓴이 : 몰리 월시(Molly Walsh)
16쪽 : 씨이 델프트(CE Delft), The potential of energy citizens in the European Union, 2016, http://bit.ly/2p4TJXl.
17쪽 위 : 독일 재생에너지청(AEE), Erneuerbare Energien in Bürgerhand, http://bit.ly/2p7vl7K.
17쪽 아래 : 프로스펙스 리서치(Prospex research), Europe's top twenty power industry players 2016, http://bit.ly/2Hp8DhN, p.2. – 독일 연방환경청(UBA), Erneuerbare Energien in Zahlen, http://bit.ly/2tF8y7x. 독일 재생에너지청(AEE) 자료 출처는 17쪽 위와 같음.

18–19 도시: 도시의 행동
글쓴이 : 알릭스 볼레(Alix Bolle)
18쪽 : 유럽연합 시장 서약(Covenant of Mayors), Covenant initiative, http://bit.ly/2p4v1X0.
19쪽 : 탄소정보공개프로젝트(CDP, Carbon Disclosure Project), The world's renewable energy cities, http://bit.ly/2ES83My, http://bit.ly/2FvC1WZ.

20–21 에너지 빈곤: 추위와 어둠 속에서
글쓴이 : 앨리스 코로베씨(Alice Corovessi)
20쪽 : 트리노믹스(Trinomics), Selecting indicators to measure energy poverty, 2016, http://bit.ly/1WFZfLP, 21쪽, 및 자체 조사 결과.
21쪽 : 유럽연합 통계청(Eurostat), Inability to keep home adequately warm (ilc_mdes01), http://bit.ly/2FsM9zM. – 유럽연합 통계청(Eurostat), Arrears on utility bills (ilc_mdes07), http://bit.ly/2pcNMH8. – 유럽연합 통계청(Eurostat), Total population living in a dwelling with a leaking roof (ilc_mdho01), http://bit.ly/2GmDjB6.

22–23 부문 결합: 에너지 전환에서 가장 중요한 것
글쓴이 : 요안나 마치코비아크 판데라(Joanna Maćkowiak Pandera)
22쪽 : 더 솔루션 프로젝트(The solutions project), 139 countries 100% infographics, http://bit.ly/20rvy06.
23쪽 위 : 아고라 에네르기벤데(Agora Energiewende), Electricity storage in the German energy transition, 2014, http://bit.ly/2p7pa2Y, p.9.
23쪽 아래 : 데이빗 코놀리(David Conolly) 외, Smart energy Europe, 2015, http://bit.ly/2FP3PoV, 16쪽.

24–25 전기에너지: 유연성이 없이는 아무것도 없다
글쓴이 : 얀 온드리치(Jan Ondřich)
24쪽 : 유럽연합 집행위원회(EC)/에코피스(Ecofys), Subsidies and costs of EU energy, final report, 2014, http://bit.ly/1CxT8gM, p.23, p.29.
25쪽 : 아고라 에네르기벤데(Agora Energiewende), The European power sector in 2017, http://bit.ly/2FF5ie4, 7쪽, 15쪽

26–27 이동 수단: 변화하는 도시의 미래
글쓴이 : 아리 블라이옌베르크(Arie Bleijenberg)
26쪽 : 국제에너지기구(IEA), Digitalization & Energy, 2017, http://bit.ly/2lU1JLo, p. 96.
27쪽 : 엘렌 스톡마(Ellen Stockmar) 일러스트

28–29 냉난방: 새로운 온도계
글쓴이 : 마리아 아리브리아(Maria Aryblia), 테오카리스 추트소스(Theocharis Tsoutsos)
28쪽 : 유랙티브(Euractiv), The EU's new heating and cooling strategy, 2016, http://bit.ly/2FzSvJS.
29쪽 위 : Pan-European Thermal Atlas 4, http://bit.ly/2FIrAia. – EurObserv'er, Solar thermal and concentrated solar power barometer 2017, http://bit.ly/2HsvdGg, 표 4.
29쪽 아래 : 유럽 환경청(EEA), Heating and cooling degree days, http://bit.ly/2paKDaz

30–31 효율: 작은 것으로 더 많이 얻어야
글쓴이 : 마리온 산티니(Marion Santini), 스테판 쇼이어(Stefan Scheuer)
31쪽 : 에코피스(Ecofys), National benchmarks for a more ambitious EU 2030 RES target, 2017, http://bit.ly/2tJdKr4. – 유럽연합 통계청(Eurostat), Share of renewable energy, http://bit.ly/1KfNXac

32-33 디지털화: 개척자를 위한 땅
글쓴이 : 펠릭스 뎀스키(Felix Dembski)
32쪽 : 그린비즈(GreenBiz), Blockchain energy apps may hit the grid faster than you expect, 12/05/2017,
http://bit.ly/2GlSw5d, 및 자체 조사 결과.
33쪽 : 450connect, Digitalisierung, http://bit.ly/2Fz7kQE

34-35 유럽연합: 패기가 부족하다
글쓴이 : 되르테 푸케(Dörte Fouquet)
34/35쪽 : 유럽연합 통계청(Eurostat), Energy Balances in the MS Excel file format (2018 edition), http://bit.ly/2p8xXkp. - 유럽연합 통계청(Eurostat), SHARES 2016 results, http://bit.ly/2tjdTRH. - 유럽연합 통계청(Eurostat), Breakdown of electricity production by source, 2016, http://bit.ly/2tE22y3

36-37 폴란드: 재생가능한 석탄보조금
글쓴이 보이치에흐 시말스키(Wojciech Szymalski)
36/37쪽 : 유럽연합 통계청(Eurostat), Energy Balances in the MS Excel file format (2018 edition), http://bit.ly/2p8xXkp. - 유럽연합 통계청(Eurostat), SHARES 2016 results, http://bit.ly/2tjdTRH. - 유럽연합 통계청(Eurostat), Breakdown of electricity production by source, 2016, http://bit.ly/2tE22y3

38-39 체코: 추는 어디에서 흔들리는가
글쓴이 : 페트라 기노바(Petra Giňová)
38쪽/39쪽 : 유럽연합 통계청(Eurostat), Energy Balances in the MS Excel file format (2018 edition), http://bit.ly/2p8xXkp. - 유럽연합 통계청(Eurostat), SHARES 2016 results, http://bit.ly/2tjdTRH. - 유럽연합 통계청(Eurostat), Breakdown of electricity production by source, 2016, http://bit.ly/2tE22y3

40-41 그리스: 모든 것이 더 빨리 진행될 수도 있었다
글쓴이 : 니코스 만트자리스(Nikos Mantzaris)
40/41쪽 : 유럽연합 통계청(Eurostat), Energy Balances in the MS Excel file format (2018 edition), http://bit.ly/2p8xXkp. - 유럽연합 통계청(Eurostat), SHARES 2016 results, http://bit.ly/2tjdTRH. - 유럽연합 통계청(Eurostat), Breakdown of electricity production by source, 2016, http://bit.ly/2tE22y3

42-43 스페인: 풍부한 햇빛, 부족한 정책
글쓴이 : 호안 에레라 토레스(Joan Herrera Torres)
42/43쪽 : 유럽연합 통계청(Eurostat), Energy Balances in the MS Excel file format (2018 edition), http://bit.ly/2p8xXkp. - 유럽연합 통계청(Eurostat), SHARES 2016 results, http://bit.ly/2tjdTRH. - 유럽연합 통계청(Eurostat), Breakdown of electricity production by source, 2016, http://bit.ly/2tE22y3 *출처: 영어판<ENERGYATLAS> 42-43쪽

44-45 프랑스: 거대한 계획과 거대한 진전
글쓴이 : 안드레아스 뤼딩어(Andreas Rüdinger)
44/45쪽 : 유럽연합 통계청(Eurostat), Energy Balances in the MS Excel file format (2018 edition), http://bit.ly/2p8xXkp. - 유럽연합 통계청(Eurostat), SHARES 2016 results, http://bit.ly/2tjdTRH. - 유럽연합 통계청(Eurostat), Breakdown of electricity production by source, 2016, http://bit.ly/2tE22y3

46-47 독일: 모범국이 아니다
글쓴이 : 레베카 베르트람(Rebecca Bertram)
46/47쪽 : 유럽연합 통계청(Eurostat), Energy Balances in the MS Excel file format (2018 edition), http://bit.ly/2p8xXkp. - 유럽연합 통계청(Eurostat), SHARES 2016 results, http://bit.ly/2tjdTRH. - 유럽연합 통계청(Eurostat), Breakdown of electricity production by source, 2016, http://bit.ly/2tE22y3

48-49 이웃 국가들: 불확실성의 체감
글쓴이 : 크시슈토프 크쉬조폴스키(Krzysztof Księżopolski)
48쪽 : 유럽연합 통계청(Eurostat), Energy dependance, http://bit.ly/2Dt637R.
49쪽 위 : 유럽연합 통계청(Eurostat), Imports, solid fuels (nrg_122a), http://bit.ly/2p93jaE. -
유럽연합 통계청(Eurostat), Imports, oil (nrg_123a), http://bit.ly/2p5dRbF. 유럽연합 통계청(Eurostat), Imports, gas (nrg_124a), http://bit.ly/2DmsoUH.
49쪽 아래 : 유럽연합 통계청(Eurostat), Basis figures in the European Neighbourhood Policy-South countries, 2018, http://bit.ly/2Fz7kQE

50-51 한국: 에너지 전환, 절반의 시작
글쓴이 : 박진희(Park, Jin-Hee), 작은것이 아름답다(SiB)
50쪽 : 국가통계청(KOSIS), 에너지경제연구원(KEEI), https://bit.ly/3UIov46, 한국에너지공단(KEA), https://bit.ly/3W1ScOR, 국가에너지정보종합시스템 https://bit.ly/3F5AHGt
51쪽 : 에너지경제연구원(KEEI), https://bit.ly/3FxnF5M, https://bit.ly/3FAk2fH, https://bit.ly/3FxnF5M, https://bit.ly/3UIov46, https://bit.ly/3iNTrCU, https://bit.ly/3FAk2fH

한국 자료 인터넷 출처는 2022년 11월 검색 기준
그밖에는 2018년 3월 검색 기준

하인리히 뵐 재단
HEINRICH-BÖLL-STIFTUNG

세계 녹색당 운동에 함께하는 비영리 단체다. 베를린 본사와 세계 32개 지부가 있다. 2020년 아시아 지부를 홍콩에 열었다. 아시아는 세계가 진보하는데 중요한 곳으로 기술 혁신을 일으키고, 세계 경제와 환경 개발에 영향을 미치며, 협치 관련 쟁점들이 떠오르는 매우 역동성 있는 국가와 공동체들이 있는 지역이다. 홍콩 사무소는 아시아 지역에서 발전하고 있는 전환의 흐름에 대해 유럽과 아시아 사이 참여를 촉진하는 '아시아 글로벌 대화 프로그램(AGDP)'을 주관한다. 아울러 다양한 분야 이해관계자, 전문가, 학자들을 공통 관심사로 모으며, 사실에 기반한 교류와 연결망을 촉진하기 위해 연구와 분석, 출판을 지원한다.

www.boell.de

작은것이 아름답다
Small Is Beautiful

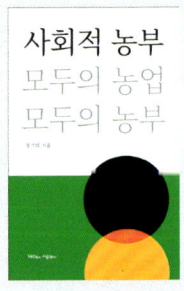

(사)작은것이 아름답다는 1996년 6월 우리나라 처음으로 생태환경문화잡지 <작은것이 아름답다>를 펴내며 녹색출판을 통해 자연과 더불어 사는 삶을 위한 생태환경문화운동을 펼치는 비영리단체이다. '종이는 숲이다'라는 생각으로 생태환경잡지를 재생종이로 펴내며 숲을 살리는 재생종이운동을 이끌고 있다. '해오름달', '잎새달' 같은 우리말 달이름 쓰기, 자연과 더불어 사는 일상을 위한 '작아의 날'을 제안하며 생태감성을 일깨우는 녹색문화운동을 펼치고 있다. 2019년부터 <아틀라스> 시리즈 한국어판 출판 프로젝트를 진행하고 있다.

www.jaga.or.kr